जीवन पथ

कवि की रचनाएँ (कविता)

भ्रष्टाचार, प्रकृति, पर्यावरण, विकास मानव जीवन, आधारित कवि की कल्पना

सन्त श्री रामदास्य पंचम जी महाराज

INDIA · SINGAPORE · MALAYSIA

ISBN
Paperback 979-8-89277-975-3
Hardcase 979-8-89322-826-7

प्रस्तावना

जीवन पथ का मतलब हमारी जीवन यात्रा प्रति पल प्रति दिन किसी न किसी रूप में चलती रहती है। हम सबको उस सफ़र पर अपनी कामनाओं, इच्छाओं और आवश्यकताओं के अनुरूप चलना ही पड़ता है। इसी का नाम जीवन है जिस पर हम चलकर मंज़िल तक पहुँचते हैं; उसका नाम पथ यानि रास्ता है। जीवन की मंज़िल तक पहुचाने वाले रास्ते का नाम ही जीवन पथ है।

दोस्तों - इस पथ की रूप रेखा लेखक अपनी भावनाओ के सागर में गोते लगाकर उन शब्द मोतियों को चुन चुन कर इस कविता रूपी माला को पिरोया है जिससे आप सभी इसका आनन्द ले सके। इसमें जो कुछ लिखा गया है वह एक कवि की कल्पना भावना और भाव का अनुमोदन है। इसमें किसी की भावना और किसी के दिल को आहत करने की भावना से कुछ भी नही लिखा गया है। आप सभी पाठकों से अनुरोध है, की आप इसे अपने रुचि अनुसार आनन्द ले कर पढ़े। इसमें हर क्षेत्र की कल्पना को लेखक ने अपनी भावना का चित्रण किया है। हमें आशा नहीं अपितु पूर्ण विश्वास है कि आप लोग अपनी रुचि अनुसार इसका आनन्द लेंगे। अगर हमारी इस कविता से किसी को आहत पहुँचती हो, तो उसके लिये हम क्षमा चाहते हैं।

धन्यवाद

१.

भारतीय राष्ट्रीय गीत

हमारा "राष्ट्रीय गीत" हमारी सोच के अनुरूप इस प्रकार से होना चाहिए, जिसका मतलब स्पष्ट रूप से मालूम पड़ता हो और जिसको गाते समय रोम रोम खिल उठे, शरीर में जोश और स्फूर्ति का अनुभव होने लगे हमारा राष्ट्रीय गीत ऐसा होना चाहिए जो जन जन के अन्दर उमंग भर दे।

हम भारत के भाग्य विधाता जन गण मेरा नारा है।
जय हिंद भारत माता हिंदुस्तान हमारा है॥

मिली आज़ादी जो हमको प्राणो की आहुति देकर।
भारत माता तड़फ उठी वीरों की क़ुर्बानी लेकर॥
इनके सपनो को पूरा करना कर्तव्य हमारा है।
जय हिन्द भारत माता हिंदुस्तान हमारा है॥

देश एक है धर्म है न्यारे फिर भी भारत प्यारा है।
भारत देश की ख़ुशबू कहती भारत मेरा न्यारा है॥
मेरा भारत हरा भरा हो यह दाईंत्व हमारा है।
जय हिन्द भारत माता हिंदुस्तान हमारा है॥

आओ हम सब मिल जुल कर देश को आगे बढ़ाते है ।
भ्रष्टाचार को ख़त्म करे उन्नति की पथ अपनाते है ॥
एक दूजे से मिल जुल रहना राष्ट्रीय प्रगति हमारा है ।
जय हिन्द भारत माता हिंदुस्तान हमारा है ॥

हिन्दू, मुस्लिम, और ईसाई सबको भारत प्यारा है ।
सत्य, अहिंसा, भाई चारा भारत का यह नारा है ॥
सभी धर्मों का आदर करता गौरव देश हमारा है ।
जय हिन्द भारत माता हिंदुस्तान हमारा है ॥

राष्ट्र तिरंगा शान हमारी हर दम ये लहराएगा ।
जान हमारी भले ही जाए शान मगर नहीं जाएगा ॥
देश पर क़ुर्बानी के खातीर हर दम शीश हमारा है ।
जय हिन्द भारत माता हिंदुस्तान हमारा है ॥

२.

स्वार्थी, लोभी, नासमझ, लोग जो संग्रह और भोग में जीते हुए देश की दुर्दशा इस प्रकार करते हैं की धरती माँ भी कॉप जाती है, जिसकी व्याख्या एक कविता के रूप में दर्शायी गई है।

थर-थर, थर-थर काँप रही है पापों से है धरती।
संस्कृति, कल्चर, प्रकृति रोज़ रोज़ है मरती॥

स्वार्थ चुनरिया ओढ़ खड़ी विकाश नाम हर राहों पर।
भ्रष्टाचारि और बेइमानी बाँह पसारें राहों पर॥
जनता को ये सपने दिखाते अपनी झूठी बातों पर।
इनके झूठे बचनो पर जनता की आशा रहती॥
थर-थर, थर-थर काँप रही है पापों से यह धरती

जनता मेहनत पसीने कमाई टेक्स के नाम से लूटते हैं।
अपना घर का माल समझ कर ख़ूब ये ख़र्चा करते हैं॥
चोर, डाकू, गुण्डा, बदमाश जनता है इनसे डरती।
थर-थर, थर-थर काँप रही है पापों से यह धरती॥

मनमानी का दौर है इनका किसी का कुछ नहीं चलता ।
जो चाहे ये लोग वही देश प्रशासन करता ॥
मजबूरी है जनता की जो इनके झूठे वादो में आती ।
थर-थर, थर-थर काँप रही है इनके पापों से यह धरती ॥

अपना स्वार्थ सिद्ध करना झूठे वादे इनसे सीखो ।
काम है कंस, रावण जैसा ऐसे देश के नेता देखो ॥
काश ऐ अपनी ज़मीर से पूछते जो रोज़ रोज़ है मरती ।
थर-थर, थर-थर काँप रही है इनके पापों से यह धरती ॥

पी म, सी म, नेता, मंत्री, संतरी सबकी यही है करनी ।
लूट सको तुम जितना चाहो सत्ता तो है अपनी ॥
पंचम जनता ना समझी में घुट घुट कर है मरती ।
थर-थर, थर-थर काँप रही है पापों से यह धरती ॥

३.

आज बड़े दुख के साथ कहना पड़ता है, की हमारे देश के नेताओ की छाप इस प्रकार पड़ चुकी है जो सुनने और कहने में अच्छा नहीं लगता और भारत माता का सिर शर्म से झुक जाता है।

अच्छाई को क्या जाने जिनमे न कोई सच्चाई है।
भ्रष्टाचार की आँधी ने जम कर आग लगाई है॥

कहते है हम देश के नेता मेरी सुनो गोहाई (आवाज)।
कुर्सी पर मैं बैठ जाऊँ फिर देखो अँगड़ाई॥
जनता भूखी रोती रहे यही मेरी अच्छाई है।
भ्रष्टाचार की आँधी ने जम कर आग लगाई है॥

जनता की देखो मजबूरी जनता क्या कर पाएगी।
वोट दे या न दे पार्टी सरकार बनायेगी॥
गुंडा गर्दी की सरकारे हमने ख़ूब चलाई है।
भ्रष्टाचार की आँधी ने जम कर आग लगाई है॥

खर्चा पार्टी जो भी करती उसको तो लेना है।
घर के चूल्हे नहीं जले फिर भी तुझको देना है॥
कितनी सेवा भावना से पार्टी सिद्धांत बनाई है।
भ्रष्टाचार की आँधी ने जम कर आग लगाई है॥

घास, यूरिया, शक्कर, फ़ोन, टैंक भी, खा जाता हूँ।
देश को खाना मेरा काम खा के हज़म कर जाता हूँ॥
बाहर बाहर हम कितने भी लड़ते अंदर हम सब भाई है।
भ्रष्टाचार की आँधी ने जम कर आग लगाई है॥

सारी जनता देख रही है हममें कितनी अच्छाई है।
देश चाहे दिवालिया हो अपने लिए स्वर्ग बनाई है॥
दुनिया मूर्ख, मैं बड़ा सयाना यही मेरी सच्चाई है।
पंचम भ्रष्टाचार की आँधी ने जम कर आग लगाई है॥

४.

राष्ट्र समर्पित, यह राष्ट्रगीत, हिंदुस्तानी देशवासीओ को समर्पित है।

राष्ट्र एक आवाज़ एक है ये है मेरा हिंदुस्तान।
मेरा भारत, मेरा भारत, मेरा भारत, है ये महान॥
ये है मेरा हिंदुस्तान।

हम सब भाई भाई हैं कभी न आपस में लड़ना।
दुश्मन चाहे कैसा भी हो कभी नहीं उससे डरना॥
प्यार एकता अपना ऐसा इससे बढ़ती अपनी शान।
राष्ट्र तिरंगा अपनी शान ये है मेरा हिंदुस्तान॥

गाते हैं हम सब मिल कर केवल एक ही गीत।
हम सब सारे भारत वासी अपने देश के मीत॥
हर दम सबको यही सोचना जिससे बढ़ती राष्ट्र की शान।
देश पर हम करते अभिमान ये है मेरा हिंदुस्तान॥

हरी भरी हरियाली छाई देश में कृषि क्रांति आयी।
मिटा अन्धेरा हुआ उजाला चारों तरफ़ हैं ख़ुशियाँ छाई॥
भूखा कोई नहीं रहे अब अपनी मेहनत रंग लायी।
हरे भरे हैं खेत खलियाँन ये है मेरा हिंदुस्तान॥

विज्ञान देश को आगे बढ़ाया उसमें भी क्रांति आया ।
पंचम जो देखा सपना था उसको सच्च करके दिखलाया ॥
राष्ट्र उन्नति अपना मक़सद सारे लोगों ने अपनाया ।
राष्ट्र निराला गौरव शान ये है मेरा हिंदुस्तान ॥

५.

आज दुनिया विकास के नाम पर अपने लिए मौत की तैयारी में जुटी है और देश की हालत को नजरअन्दाज़ करके आगे बढ़ रही है, यह कविता उन्हीं लोगो को समर्पित है जो आज नासमझी की तरह देश को आगे बढ़ाते हैं।

आओ हम चाँद को छूँले गगन और अम्बर से खेले।
ऐसे खिलौने हमने बनाया जो अपने जीवन से खेले॥

किया तरक़्क़ी हम जितना उतना ही है घोर अँधेरा।
जितना उन्नति किया है हमने उतना मौत ने हमको घेरा॥
चारों तरफ़ है जाल बिछा वह भी अपने कर्मों का।
भ्रष्टाचार ने डोरी खिंची रास्ता मिला वो नर्कों का॥

सत्य, अहिंसा, भाई, चारा, इन सबको हमने जेल किया।
भ्रष्टाचारी, अधर्म, कुकर्मी इन सबसे हम मेल किया॥
मिल जुल कर पकती है खिचड़ी आँधी कच्ची आँधी पक्की।
हम सबको है यही करना हम सबने किया है नक्की॥

हम सब पार्टी के बुध्दी का कितना अच्छा है ताल मेल ।
अपनी बर्बादी का हमने बना लिया है सुन्दर खेल ॥
आज तो मेले में हँसते हैं कल रोयेंगे सारे मेले । -----(मेले = जन समूह)
ऐसे खिलौने हमने बनाया जो पंचम जीवन से खेले ॥

६.

सच्चाई और ईमानदारी से जीवन पथ पर चलने वालो को यह कविता समर्पित है।

यह कविता सन् २००० में लिखी गयी है यह कविता सच्ची राहों पर चलाने वाले

हमारे प्रखर कवित्य को समर्पित है, क्योंकि मिलने का सौभाग्य सबको नहीं होता।

चलते रहना जीवन पथ पर यही तेरी अच्छाई है।
मंज़िल अवश्य मिलेगी तुझको ऐ जीवन सच्चाई है।।
जीवन के इस कर्म क्षेत्र में कभी नहीं तुम घबराना।
चलते ही चलते रहना तुम देखो कभी न रुक जाना।।

साहस धैर्य की पूजी लेकर जीवन में चलते जाओ।
राहों में दुःख दर्द मिले उसको भी पीते जाओ।।
अफ़सोस कभी भी मत करना न कभी गिला सिकवा करना।
दुश्मन भी तेरी शरण में हो उसकी भी रक्षा करना।।

सच्ची राहों पर चलते जाओ एक दिन मंज़िल आएगी।
कभी न अपना सफ़र भुलना वरना मंज़िल रह जाएगी।।
सच्चाई की ओढ़ चुनरिया जीवन में चलते जाओगे।
जीवन होगा स्वर्ग जैसा पंचम सब कुछ तुम पा जाओगे।।

७.

एक पैसे वाले धनवान व्यक्ति की सोच और उसकी जीवन की व्यथा है, जब उसको जीवन की सत्यता समझ में आ गयी की जीवन में पैसा ही सब कुछ नहीं होता, वह अपनी जीवन व्यथा को इस प्रकार व्यक्त करता है।

सोच रहा हूँ दरिया किनारे बैठे अपने बारे में।
हर ख़ुशी तो ना मिले धन दौलत के इशारे पे॥

माया की इस दुनिया में पाप पुण्य के पहरे।
एक दूजे से जो भी मिलता चेहरे पर हैं चेहरे॥
स्वार्थ सरोपरी अपना अपना इस जीवन के रेस में।
सोच रहा हूँ दरिया किनारे बैठे अपने बारे में॥
हर ख़ुशी तो ना मिले धन दौलत के इशारे पे

स्वर्ग नर्क की दोनो नदिया बहती हैं दरवाज़े पे।
किसमें डूबना क़िसमें न डूबना यह है कर्म इसारे पे॥
सफ़र अधूरा वक़्त जो निकला रह जायेंगे राहों में।
सोच रहा हूँ दरिया किनारे बैठे अपने बारे में॥
हर ख़ुशी तो ना मिले धन दौलत के इशारे पे

सभी ब्यक्ति के एक है रास्ते वह है अपनी मंज़िल का ।
केवल जीना एक ही मक़सद ना समझी के दौड़ का ॥
पंचम न जाने क्या ढूँढता इस जीवन के रेस में ।
सोच रहा हूँ दरिया किनारे बैठे अपने बारे में ॥
हर ख़ुशी तो ना मिले धन दौलत के इशारे पे

८.

कामना, स्वार्थ, लोभ में इन्सान कभी सेवा भावी नहीं बन सकता है, अपनी महत्वाकांक्षाओ को पूरा करने के लिए ही काम करता है, उसको यह कविता समर्पित है।

अरमानो के सपने सजाये स्वार्थ में हैं इतने चूर।
नहीं दिखता जनता दुःख लूट खड़े है इतने दूर।।

रात दिवस है झूठ बोलते वादे करने में इतने हूर।
झूठे सपने इतना दिखाते स्वार्थ में इतने मजबूर।
अपने लालच स्वार्थ में रखते धर्म ईमान से कोसो दूर।।
अरमानो के सपने सजाए स्वार्थ में हैं इतने चूर

करते इशारा पंचम देखो पहचानो इन लोकों को।
लूट रहे हैं देश आज ए सजाए अपने अरमानो को
इनको पहचानो सत्ता में वोट से फेंको सत्ता से दूर।।
अरमानो के सपने सजाए स्वार्थ में हैं इतने चूर

१.

वर्षा ऋतु का वर्णन कवि ने शब्दो के अलंकार के साथ, अपनी भावना को व्यक्ति किया है। इसमें कवि ने वर्षा ऋतु की सुन्दरता को मोतियो की तरह शब्दों में पिरोया है और इस कविता में कवि ने एक एक शब्द को बार बार प्रयोग किया है।

कितना निर्मल शीतल वारी बरस रहे हैं छम छम छम।
जैसे पग पायल पहन गोरी है चलत डगर छम छम छम।।

सुन्दर सावन शुभग सुहावन सबही के मन भावन।
गोरी तन भीगे मन को रोधे पिया तरस है सावन॥
काली घटा की देख छँटा नाचत है मोर विभोर भय छम छम छम।
कितना निर्मल शीतल वारी बरस रहे छम छम छम॥

हरे भरे हैं खिल खिल कर ख़ुशबू फैलाते मिल जुल कर।
मधु मस्त बहारें लेके नज़ारे आती है रुक रुक रुक कर॥
नदियाँ नाले हैं उम्मादे झरने नाचे छम छम छम।
कितना निर्मल शीतल वारी वरस रहे हैं छम छम छम॥

ऋतु है सुहानी जानी पहचानी हर तरफ़ भरा है हलाहल पानी ।
मछली रानी हुई दीवानी निकल पड़ी विचरण मनमानी ॥
पंचम सुर के धुन सुनत विहग नाचत है थिरक के छम छम छम ।
कितना निर्मल शीतल वारी बरस रहे हैं छम छम छम ॥

१०.

ब्रह्म समय के बाद सुबह का वर्णन कवि ने बड़ी सुन्दरता और मधुरता से प्रातःकाल के सभी पात्रों की सुंदर शब्दों में व्याख्या की है ।

उगते सूरज चाँद सितारे किरणों को फैलाते हैं ।
प्यार का मधुर संदेश लिए भौंरे भी गुन गुनाते हैं ॥

चह चहा रहे हैं पक्षी भोर हुआ संदेशा लेकर ।
फूल हँसे कलियाँ मुसकाती प्यारा सा ख़ुशबू लेकर ॥
मस्त बहारें लेके नज़ारे सबसे घुल मिल जाते हैं ।
उगते सूरज चाँद-सितारे किरणों को फैलाते हैं ॥

भोर हुआ आया सुभग सवेरा भौरो ने कलियों को घेरा ।
दौड़ा आया पवन सवेरा मैं हूँ स्वक्ष साफ़ दिल मेरा ॥
मंद मंद कलियाँ मुसकाती सारे चमन महकते हैं ।
उगते सूरज चाँद सितारे किरणों को फैलाते हैं ॥

कोयल मद माँती अपनी धुन में पंचम सुर में गाती है ।
भोर हुआ अब तो उठ जाओ उषा संदेश सुनाती है ॥
कल कल करते झरने बहते मधुरम गीत सुनाते हैं ।
उगते सूरज चाँद सितारे किरणों को फैलाते हैं ॥

सभी हुए हैं भोर विभोर अपनी बाँहें फैलाए ।
वेलकम वेलकम उषा करती अपना आँचल फहराये ॥
उठो सभी अब हुआ सवेरा पंचम तुम्हें जगाते हैं ।
उगते सूरज चाँद सितारे किरणों को फैलाते हैं ॥

११.

कोई ज़रूरी नहीं है कि सभी लोगो की चाहत पूरी हो
लेकिन कर्म तो सभी को करना अनिवार्य है ।
बिना कर्म कुछ भी नहीं होता ।

सभी हसरत सबकी पूरी नहीं होती ।
दरिया किनारे बैठ कर मिलती नहीं मोती ॥

क़ुदरत का सुन्दर मिला हुआ तोफ़ा ।
वक़्त की नज़ाकत में कितना सुन्दर मौक़ा ॥

जीवन में एक बार मिलता ए सुन्दर निखरने का मौक़ा ।
पंचम प्रकृति की आग़ोश में बहता ख़ुशबू का झोंका ॥

१२.

जीवन में पग पग पर संघर्ष है बिना संघर्ष का जीवन ही नहीं है
अगर मोती चाहिए,
तो दरियाँ में उतरना ही पड़ेगा क्योंकि किनारे पे बैठने से मोती नहीं मिलेगी।
इसलिए जीवन में कुछ पाना है तो संघर्ष के साथ आगे चलना ही पड़ेगा।

जीवन है संघर्ष भरा हर दम है आगे बढ़ना।
पथ पर चाहे कितनी हो बाधा चलते ही चलते रहना॥

रुकावट की हो कितनी बेड़ियाँ पाँवों में लगते हो सुल।
अंगार भरा हो जीवन पथ पर रुकने की ना करना भूल॥
साहस धैर्य है जीवन की पूजी लेकर कभी न रुकना।
जीवन है संघर्ष भरा हर दम आगे है बढ़ना॥

आये तूफ़ान समंदर में नाविक बनो न घबराना।
लहरों का सीना चीर चीर कर कश्ती को बाहर लाना॥
आँधी में दीपक जलते रखना हर दम कोशिश हो अपना।
जीवन है संघर्ष भरा हर दम आगे है बढ़ना॥

बार बार कोशिश करना पर हार न मानो अपना ।
आग में जितना सोना तपता उतना ही है निखरना ॥
असफलता में छुपी सफलता हर दम उसे खोजना
पंचम जीवन है संघर्ष भरा हर दम आगे है बढ़ना ॥

१३.

प्यारी बहना का इन्तज़ार अपने सैनिक भाई के लिए,
जो अब लौट कर नहीं आ सकता।

आके तू राखी बधा लो हे भैया।
ढूँढूँ कहाँ पर कहाँ हो हे भैया॥

देर तू मत करो राखी का वास्ता।
भाई बहन का पवित्र है रिश्ता॥
बहन की रक्षा है करना हे भैया।
आके तू राखी बंधा लो हे भैया॥

राखी की थाली लिए बहना खड़ी है।
ख़ुशियों की धड़कन मेरी अब बढ़ी है॥
कब से खड़ी हूँ देखू तेरी रहियाँ।
आके तू राखी बंधा लो हे भैया॥

तिलक तुझे करना है आरती है करना।
अपने हाथो से मिठाई खिलाना॥
राखी बाँध तेरी लूँगी मैं बलइया।
आके तू राखी बंधा लो हे भैया॥

१४.

कवि ने पानी की अमूल्यता को समझाने की कोशिश की है
पानी की अहमियत क्या है।

पानी पानी सब कहे समझ परे ना कोई।
जो पानी का मूल्य समझे तो जीवन सच होई॥

पानी बिना तो कुछ नहीं सकल जगत संसार।
पानी तो प्रकृति और जग जीवन आसार॥

पानी से प्रकृति है पंचम जगत जीव आधार।
पानी से तो सब कुछ है सभी जीव अस्तित्व हमार॥

१५.

हमारे देश को आज़ादी दिलाने के लिए कितनो ने अपने जीवन की क़ुर्बानी दी तब हमे कही आज़ादी मिली है यह कविता उन्हीं देश प्रेमीओ को और स्वतन्त्र भारत के उपलक्ष्य में देश वासियों की तरफ़ से सच्ची श्रधांजलि समर्पित है ।

मेरे देश की शान गगन लहरें ।
मेरा गौरव ये तिरंगा गगन लहरें ॥

इस झंडे के शान के ख़ातिर दी हमने क़ुर्बानी ।
पानी की तरह है ख़ून बहाया हमने भी थी ठानी ॥
जिधर से देखो उधर से निकली आज़ादी की लहरें ।
मेरे देश की शान गगन लहरें मेरा गौरव ये तिरंगा गगन लहरें ॥

अपने देश के शान के ख़ातिर खेली ख़ून की होली ।
माताये बहनो ने सितम सहे पर बन्दे मातरम् बोली ॥
देश प्रेमीयो की भावना से दुश्मन के क़दम नहीं ठहरे ।
मेरे देश की शान गगन लहरें मेरा गौरव ये तिरंगा गगन लहरें ॥

यह राष्ट्र गर्व है मेरा झंडा हमेशा ऊँचा लहरायेगा।
हम सबकी है यही प्रतिज्ञा कभी नहीं झुक पायेगा॥
जान मेरी भले ही जाए शान मगर नहीं जायेगा।
सच्ची श्रधांजलि यही है पंचम देश की शान गगन लहरें॥
मेरा गौरव ये तिरंगा गगन लहरें मेरे देश की शान गगन लहरें

१६.

जीवन को हम किस नजरिये से देखते हैं उसकी
एक छोटी सी झलक कवि ने लिखी है।

चंचलता के पाँवों में लगी बेड़ियाँ अफ़सानो की।
कहाँ तलक वह चले पथिक छाप लिए मेहमानो की॥

उद्गम की आभा नहीं दिखती जीवन में उन रहो की।
निराश थकित वह चला पथिक नहीं मिला सहारा बाँहों की॥

उम्मीदों की मशाल जलाके हर पल सोच बढ़ाने की।
अंधेरो का चीर के सीना मंज़िल तक है चलने की॥

साहस धैर्य की पूजी ले नहीं ज़रूरत यहसानो की।
चंचलता के पाँवों में लगी बेड़ियाँ अफ़सानो की॥
कहाँ तलक वह चले पथिक पंचम छाप लिए मेहमानो की

१७.

इन देश वासीयो को हमेशा जागते रहना है क्योंकि
यह देश कि आज़ादी इतनी आसानी से नहीं मिली है
इसलिए हमे देश के प्रति जागरूक रहना चाहिए,
कवि का एक इशारा है।

उठो भारत के सपूत इंसानो आज देश पुकार रहा है।
आज़ादी का सुभग सवेरा आज भी तुम्हें जगा रहा है॥

बर्बादी के हर छन को इतिहास गवाह बताता है।
जब सोया तो क्या खोया वह भी हमें सिखाता है॥
फिर से वो रात नहीं आए हमें यही बता रहा है।
जागो भारत के नौजवा आज भी देश पुकार रहा है॥

इंसान तो केवल इंसान ही है नहीं कोई है उसकी जात।
हिन्दू, मुस्लिम और ईसाई सभी मज़हब है अपनी बात॥
सच्चा धर्म इंसानियत धर्म है जो सबको प्यार सिखा रहा है।
उठो भारत के निडर सपूतों आज देश पुकार रहा है॥

सो कर उठाना गिर कर संभलना यह भी हमें बताता है।
सच्चा औ ईमानदार सरकार रहे यही समय अब चाहता है ॥
देश की सेवा जन जन की सेवा आज भी तुम्हें जगा रहा है।
उठो भारत के निडर सपूतों आज भी देश पुकार रहा है ॥

१८.

आज जो हम विकास के नाम पर प्रकृति के साथ दुर्व्यवहार करते हैं। लेकिन आज प्रकृति को बचाने की ज़रूरत है कवि ने अपनी भावना को कुछ इस प्रकार व्यक्त किया है जो समझने योग्य है।

प्रकृति की दुनिया सम्भालो ए यारों।
महकता है गुलशन बचा लो ए यारों॥

ज़माना दीवाना है माने न कहना।
कितना सितम करे सबको है सहना॥
बसा लो ज़िंदगी में बसर जीवन यारों।
महकता है गुलशन बचा लो ए यारों॥

बड़ी है ये नाज़ुक प्रकृति हमारी।
सब कुछ तुम्हारा है प्रकृति भी तुम्हारी॥
खिलता चमन है सज़ा लो ए यारों।
महकता है गुलशन बचा लो ए यारों॥

मेरी आरज़ू ए बया है जिगर का ।
बसा लो जीवन में बसर ज़िंदगी का ॥
प्रकृति ए जहाँ है तुम्हारा ए यारों ।
महकता है गुलशन बचा लो ए यारों ॥

१९.

एक व्यक्ति जो वह खुद अपने जीवन को न समझ पाकर
खुद अपनी ज़िन्दगी से सवाल करता है।

ज़िन्दगी तुझको मुझसे है क्या गिला।
ख़ुशियाँ औ ग़म तो लेकर मैं चला॥
ज़िन्दगी तुझको मुझसे है क्या गिला

राही हूँ अपनी मंज़िल का वह ढूँढता रहा।
हर राहों पर वो तेरे मैं चलता ही रहा॥
तुमने जो दिया मुझको वही तो है मिला।
वो ज़िन्दगी तुझको मुझसे है क्या गिला॥

मैं ढूँढता रहूँगा जब तक है जहाँ।
पंचम, साहस धैर्य की सीमा नहीं यहाँ॥
ढूँढता हूँ चमन में क्या कोई फूल है खिला।
वो ज़िन्दगी तुझको मुझसे है क्या गिला॥

२०.

आज से पहले जो लोग देश की सुंदरता को आपस में
एक मोती की तरह पिरोके रखा था आपस में
बहुत प्यार से रहते थे, पहले और आज में अन्तर क्या ?
कवि के द्वारा उसे दर्शाया गया है।

भारत महान ऐसा था देश जहाँ ना कोई बैर न द्वेष।
हिन्दू, मुस्लिम और ईसाई सभी के लहू रंग एकजाइ॥
अपने मतलब के ख़ातिर अपनाते हैं अनेको भेष।
भारत महान ऐसा था देश जहाँ न कोई बैर न द्वेष॥

भारत देश था बड़ा महान पैदा हुए कितने इन्सान।
जननी ख़ातिर सहा अपमान भारत माता की गोदी में॥
पैदा हुए इंसान अनेक जहाँ न कोई बैर न द्वेष।
भारत महान ऐसा था देश जहाँ न कोई बैर न द्वेष॥

कितने बड़े थे वे इंसान सत्य अहिंसा पर हुए क़ुर्बान
निःस्वार्थ किया अपना बलिदान ऐसे सारे थे इंसान
अमर हो गए शहीद होकर बचा लिया है अपना देश
भारत महान ऐसा था देश जहाँ न कोई बैर न द्वेष॥

लालच स्वार्थ नहीं उनके अंदर देश को देते कुर्बानी अकसर।
मातृभूमि को अर्पण करने हरदम रहते थे वह तत्पर ॥
मातृभूमि की रक्षा करते जीवन में नहीं हुआ क्लेश,
भारत महान ऐसा था देश जहाँ ना कोई बैर न द्वेष ॥

२१.

प्यार के बारे में सभी लोग जानते हैं और अपने तरीक़े से उसकी व्याख्या भी करते हैं।

तूफ़ान बन कर आए मौसम है सुहाना।
जो प्यार में बेचैन हो वो आशिक़ है दीवाना॥

होते हैं बेक़रार वो जिनको ख़बर नहीं।
होता है प्यार कब से उनको पता नहीं॥
बन कर ढूँढते हैं हर दम वो परवाना।
तूफ़ान बन कर आए वो मौसम सुहाना॥

गुलशन बना गुलिस्ताँ है चमन खिला खिला।
ख़ुशबू कहे बदन की है तन मन खिला खिला॥
है दिल बेक़रार इतना ये इश्क़ का परवाना।
तूफ़ान बन कर आए वो मौसम है सुहाना॥

ये प्यार के दीवाने पहले प्यार को जाने ।
दिल की हर धड़कन को पहले तो पहचाने ॥
इसकी कहाँ है मंज़िल कोई नहीं ठिकाना ।
तूफ़ान बन कर आये वो मौसम है दीवाना ॥

२२.

प्रकृति और देश की सुन्दर कल्पना की गयी है।

खिलता गुलशन गुलिस्ताँ ए चमन।
हो हरा भरा ए मेरा वतन॥
ऐ सारा जहाँ महक उठे।
चाहे कितना हम झेले सितम॥

सबसे न्यारा हो मेरा वतन।
अमृत धारा बहती ही रहे॥
वह शक्ति हमें देना भगवान।
हम कर्म राह पर डटे रहे॥

हो जीवन कर्म सफल अपना।
ऐसा ए मेरा जन्म रहे॥
ऐसी ए कृपा करना हे प्रभु।
जीवन में सफल होते ही रहे॥

२३.

प्रेमी का प्रेमिका से अलग होने की व्यथा है।

दिल ढूँढता हूँ निगाहो से तुझको।
न जाने कहाँ तुम जुदा हो गयी हो॥

तेरी याद मुझको सताये जा रही है।
दिल की हर धड़कन बढ़ाये जा रही है॥
यादों के सितमग़र असह हो गयी है।
न जाने कहाँ तुम जुदा हो गयी है॥

तेरे साथ जो पल गुज़रा है हमने।
हर छन तसबीर बन कर आते है सामने॥
मेरे जिस्म में तेरी रूह खो गयी है।
न जाने कहाँ तुम जुदा हो गयी है॥

दिल को सम्भालू बिना तेरे कैसे।
तड़पती है मछली पानी बिना जैसे॥
जीवन की हर ख़ुशी लुप्त हो गयी है।
न जाने कहाँ तुम जुदा हो गयी है॥

२४.

बचपन की हसीन ख़ुशियाँ समय कि याद दिलाती है की बचपन कैसे बिताता था उस समय की रंगत क्या हुआ करती थी।

खिला चमन ख़ुशियों से जब दोस्त साथ में रहत्ते थे।
मन के गुलशन में फूल खिला जब यार साथ में खेलते थे॥

कब समय कट गया हँसते खेलत जब दोस्त साथ में रहते थे।
दोस्तों के साथ कब समय बीत गया जब हम सब मस्ती करते थे॥

मजबूरी में समय की आँधी आयी अलग कर दिया यारों को।
कोई कहाँ रहा कोई कहाँ गया सब अलग कर दिया दोस्तों को॥

पहले तो हम जीवन जीते जब दोस्त साथ में रहते थे।
वह बीता समय कितना हसीन जब यार ही अपने होते थे॥

२५.

"भक्ति दोहे"

हमे अपने आप को पहचानना है सच्चाई क्या है ?

वह जानने योग्य है क्योंकि आज हम कहाँ भटक रहे हैं पता नहीं है ।

अन्दर अपने झाँक तू अन्दर रमा निवास ।
बाहर कहाँ भटक रहा तू ख़ुद पर कर विश्वास ॥
ईश्वर चेतन रूप है सब में करे निवास ।
अन्दर से भक्ति रस पीले मिट जाएगी प्यास ॥
ईश्वर को तू ढूँढ रहा है मिट्टी पत्थर आकाश ।
ख़ुद के अन्दर है रमा और कही नहीं वास ॥

कर्म बिना तो कुछ नहीं भक्ति और भगवान ।
सभी ग्रंथो का एक सार है ख़ुद को तू पहचान ॥
बाह्य आवरण में तू ढूँढे मन्दिर मस्जिद अजान ।
तेरा ईश्वर तो तुझमें है क्यों बना हुआ अनजान
माया के आवरण से ढका हुआ इन्सान ।
कहाँ दिखेगा उसको सत्य और भगवान ॥

काम क्रोध में लिप्त है अहंकारी इन्सान ।
माता पिता की समझ्ञ नहीं क्या पाए भगवान ॥
मिट्टी, ईंट, पत्थर के मन्दिर रहते नहीं भगवान
तेरे मन मंदिर रहते जिसे बनाया भगवान ॥
भक्ति कर भगवान की पाएगा तू ज्ञान ।
सत्य कर्म सेवा में ही रहते हैं भगवान ॥

२६.

भगवान की लीला अद्भुत निराली है अपने अपने समझ के अनुसार हम सब सोचते हैं।

ऊपर वाले तेरी लीला क्या अजीब है।
हर सबको दिया तू अलग अलग नसीब है॥

तेरी इस गणित को कोई समझ नहीं पाता है।
जिसको ही देखो तो ऊपर वाले को दोष देता है॥

कर्म ही प्रधान है समझ क्यों नहीं आता है।
जैसा जो कर्म करता वही तो वह पाता है॥

कर्मों से ही बनती जीवन की नसीब है।
ऊपर वाले तेरी लीला क्या अजीब है॥

२७.

प्रकृति से एक प्रेमी के दिल की यह बया है जो प्रकृति को ही अपना सब कुछ समझता है।

चाहा था दिल से प्रकृति तुझको ए हमने।
मगर क्यूँ नहीं आता तेरा रूप सुन्दर सामने॥

बरसता था तेरे लिए प्यार दिल में।
तड़पता है चिलमन मिलन आशकी में॥
खिला हुआ गुलशन सुखाया है किसने।
चाहा था दिल से प्रकृति तुझको ए हमने॥

दिल की बेचैनी तुझे क्या पता है।
सोचता हूँ मुझसे हुई क्या ख़ता है॥
बिछायें है फूल तेरी राहों में हमने।
चाहता हूँ दिल से प्रकृति तुझको ए हमने॥

उजड़ते चमन की कहानी कहूँ क्या।
खड़ा हूँ विवश मैं बताओ करूँ क्या॥
जीता हूँ तेरी उम्मीदों के रहने।
चाहा था दिल से तुझको ए हमने॥

फँसाना अफ़साना चाहे करे ए ज़माना।
किया प्यार दिल से है इसको निभाना॥
तेरे बिना जीना न सोचा है हमने।
चाहा था दिल से प्रकृति तुझको ए हमने॥

२८.

आसकी में चाहने वाले के दिल की व्यथा है।

तुझको निगाहो से देखा तो दिल में मची ऐसी हल चल।
चाहत का तूफ़ान उठा तो दिल ढूँढे तुझको हर पल॥
दीदार तड़पता है चिलमन उम्मीद लिए वो हर पल।
बिछी हुई हर तरफ़ ऐ पलकें तेरे लिए वो हर पल॥

तुझे देख के जीवन के सपने ताज़ा हो गये।
तेरे आने से जीवन में ख़ुशबू ही ख़ुशबू छागये॥
तू तो मेरे गुलशन की ऐसी किरण बन गयी।
मुरझाई हुई कलियाँ अपने आप खिल गयी॥

हर तरफ़ गुलशन में ख़ुशबू ही ख़ुशबू, बिखर गयी।
तेरे इस ख़ुशबू से सारी चमन महक गयी॥

२९.

नेचर (वास्तविकता) सच्चाई रूप में समझाना यह एक सोचने जैसा है।
यहाँ कोई एक जैसा नहीं है।

चमन एक है कलियाँ एक है।
फिर भी सबके ख़ुशबू अनेक॥
धरती एक है पौधे एक है।
फिर भी स्वाद है सबके अनेक॥

दुनिया एक है इंसान एक है।
फिर भी बना समाज अनेक॥
ख़ून एक है इन्सान एक है।
फिर भी सबकी सोच अनेक॥

ईश्वर अल्लाह दोनो एक हैं।
फिर भी इनके नाम अनेक॥
माँ बाप की सन्तान एक है।
फिर भी कर्म नसीब अनेक॥

कहते पंचम ना समझ की दुनिया।
सब समझ पर करत अनेक॥

३०.

मानव जीवन की सत्यता को समझते हुए, हम सब एक अनजान मुसाफ़िर हैं जो अपने जीवन की व्यथा को व्यक्त करते हुए मंज़िल को ढूँढता है।

ज़िन्दगी का सफ़र ढूँढता हूँ डगर।
खो गया हूँ मैं रहो में मंज़िल कहाँ॥

इन बहारों से पूछा नजारो से पूछा।
महकते हुए गुल हज़ारो से पूछा॥
हर चमन हर कली से पूछा वहाँ।
खो गया हूँ मैं रहो में मंज़िल कहाँ॥

समन्दर से पूछा शाहील से पूछा।
बल खाती मौजों की लहरों से पूछा॥
हर कश्ती हर माँझी से पूछा वहाँ।
खो गया हूँ मैं रहो में मंज़िल कहाँ॥

हर गली से मैं पूछा हर राहों से पूछा।
टहलते हुए हर मुसाफ़िर से पूछा॥
सभी ढूँढते हैं पंचम मंज़िल यहाँ।
खो गया हूँ मैं राहों में मंज़िल है कहाँ॥

३१.

जिसकी कोई उम्मीद नहीं होती कभी वह भी जीवन का पहलू बन जाता है।

ग़म की छाओ में प्यार का बसेरा।
जीवन का आता है शाम औ सबेरा॥

सुबह दिखती है आशा कीकिरने।
हुआ ग़म अंधेरा निराशा के कहने॥
बढ़ते रहे हम चाहे हो अंधेरा।
जीवन का आता शाम और सवेरा॥

हुआ जो ए प्यार देखा नहीं था।
तुमसे हुआ प्यार सोचा नहीं था॥
मेरे मन मंदिर में तेरा ही डेरा।
जीवन का पहलू है शाम और सवेरा॥

मेरे तेरे प्यार के हैं ऐसे फ़साने।
कैसी मजबूरी है हम दोनो के सामने॥
आशाओं का दीपक जलता तेरा मेरा।
जीवन का आता शाम और सवेरा॥

३२.

सुबह का समय प्रातःकल के नज़ारे भी कुछ अजीब होते है
वे सब अपनी मस्ती में भोर विभोर होते है।

प्रातःकाल की प्राण वायु फेफड़े में नव जीवन भरती।
चह चहा रही है पक्षी थिरक थिरक मधुतान छोड़ती॥

वृक्ष पुष्प नव विकसित कलियाँ मधुरता से मुस्कुराती है।
प्रकृति अपने मादक रूप में ख़ुशबू से मदमाती है॥

प्रकृति के विशाल गोद में फ़सले भी लहरती हैं।
प्रातःमें वृक्षों की डलियाँ यौन विभोर हिलराती हैं॥

प्रातः शीतल, मंद, सुगन्ध हवाओं से कलियाँ हँसती हैं।
प्रातः की ख़ुशबू में गौए भी रम्भा करती हैं॥
प्रातःकाल की प्राण वायु फेफड़े में नव जीवन भरती है

३३.

जीवन की कड़वी सच्चाई है जो सभी नहीं समझ पाते है।

जीवन की कितनी साँसें हैं कोई नहीं ये जाना।
कब तक ये चलती रहेगी कोई नहीं ठिकाना॥
ऊँच नीच का भेद है कैसा अमीरी ग़रीबी का बाना।
ये सब समझ का फेर है भाई मन का भ्रम है आना॥

जैसा बीज धरती में बोया वैसा ही रस आना।
जैसा कर्म करोगे भाई वैस ही फल पाना॥
सोच समझ कर ज़ीलो जीवन कोई नहीं ठिकाना।
जीवन की कितनी साँसें हैं कोई नहीं ये जाना॥

लालच, कपट, क्रोध, हिंसा जीवन से दूर ए रखना।
प्रेम, सेवा, अहिंसा, ही है जीवन का ये अपना॥
जीवन डोर है अपने हाथों में पंचम किधर है जाना।
जीवन की कितनी हैं साँसें कोई नहीं ये जाना

३४.

हास्य और व्यंग की तरह यह कविता है, कितनों के जीवन की कहानी भी होगी जो लोग खुश मिज़ाज है ।

पत्नी ने कहा
सुनो पति देवा ?
कभी बीमार पड़ूँगी, तो करोगे क्या सेवा ?
पति बोला -

अभी मैं क्या करता हूँ मुझे तो बताओगी ।
अपने साथ साली की क्या सेवा भी करवाओगी ॥
जब से तुम आयी हो घर ऐसा स्वर्ग हो गया है ।
मेरी आँखों का आँसू भी ख़त्म हो गया है ॥

लालच में ऐसी बीबी से जीवन में क्या मज़ा है ।
अपने ही कर्मों की क्या ख़ूबसूरत सज़ा है ॥
तुमारी बीमारीओ से मुझे कोई नहीं ग़म है ।
झूठे प्यार की तू भरती जो दम है ॥

क़िस्मत से ऐसी बीबी उन्हें ही मिलता है ।
जो दस दिन जीने वाला वह पाँच दिन ही जीता है ॥
ऐसी बीबीओ से क्या तुम उम्मीद रख पाओगे ।
इन्हें झेलते ही झेलते ख़ुद क़ब्र में लटक जाओगे ॥

३५.

यह दुनिया वालो की अजीब दास्ताँ है जिसे समझना और समझाना बड़ा मुश्किल है।

उलझ उलझ के ऐसे उलझे ये सब दुनिया वाले।
अस्वासन के दिए हैं जलते पीते ग़म के प्याले।

आशाओं में छुपी निराशा नज़र नहीं ओ आए।
आँखों पर है स्वार्थ की धूल देख कहाँ से पाए॥

समझ समझ ना समझ है पंचम कौन इन्हें समझाये।
ना समझी से कुछ नही मिलता जीवन व्यर्थ ही जाये॥

३६.

कुदरत के बारे में जितना कहा जाय वो कम ही है।

क्या क़ुदरत की पहेली और ये नज़ारे है।
हर चमन और गुलिस्ताँ ये कितने प्यारे है॥

किसे कहूँ अपना कोई नहीं पराया है।
प्यार से खिले हुए चमन प्रकृति ने ख़ूब सजाया है॥

यहाँ से वहाँ तक वहाँ से यहाँ तक
गुजरने का प्रकृति मौसम है सुहाना।
तेरे प्यार में प्रकृति दिल है दीवाना
हर धड़कन बनती है मुझको दीवाना॥

३७.

प्रकृति के बारे में, जितना कहा जाय वो कम ही है।

ख़ुशियाँ बाटो प्यार को बाटो
नफ़रत को मत बाटो जी।
प्यार से जीवन प्यार से ख़ुशियाँ
कड़वी सच्चाई जानो जी॥

प्रकृति की सुन्दरता ही,
जीवन की रूप रेखा है।
मर्ज़ी है ये क़ुदरत की,
इन सबको कौन रोक है॥

जब फूल खिलता है
तब सबको लुभाता है।
पंचम समय की आग़ोश में,
वीरान पतझण बन जाता है॥

३८.

धरती माँ के बारे में भी जितना कहा जाय वो कम ही है।

अपनी वसुन्धरा को देखो,
सबकी जीवन दाता है ॥
पृथक पृथक के बीज है देखो,
रस वैसा ही पाता है ॥

कही स्वार्थ और कही अहम है,
कही दुर्व्यवहार आता है ॥
प्यार करो दिल से जग को,
पंचम जग अपना हो जाता है ॥

३९.

प्रकृति का वर्णन करना आसान नहीं है जितना करो कम ही है

चमन में हज़ारों फूल खिले,
पृथक पृथक ख़ुशबू देते ।
मंद मंद शीतल हवाऐ,
ख़ुशबू साथ में ले आते ॥

भौरो ने अपनी मनोदशा से,
फूलो में लिप्त न रह पाते ।
सबकी क़िस्मत कहाँ ऐसी
जो सबको पराग मिल पाते ॥

४०.

हक़ीक़त और सच्चाई

सच्चाई कड़वी है इसे जो समझ पाता है
जीवन की हक़ीक़त से वह रूबरू हो जाता है।
उजाले हैं हर तरफ़ पर नज़र नहीं आता है
जब आँखों पर ना समझी का धूल जम जाता है॥

दूर हो जाते है वो सच्चाई की राहों से
जिन्हें हक़ीक़त का तसबूर नहीं होता है।
भटकते रहते हैं वो पंचम ना समझी में
जिन्हें ज़िन्दगी का मतलब समझ नहीं होता है॥

४१.

हुनर तो बहुत लोगो के पास होता है पर उनको निखारने का मौक़ा सबको नहीं मिलता है ।

जैसे इंडिया गोट टैलेंट शुरू हुआ था और सबको हुनर निखारने का मौक़ा मिला था ।

उसी पर चार लाइन लिखा है ।

इंडिया गोट टेलेंट क्या अजीब है ।
अंधेरे में खोए हुए लोगों की नसीब है ॥
दिल में सजाए रहते है न जाने कितने सपने ।
सच कर नहीं पाते हैं वे सब अपने ॥

किसी न किसी कोने में उम्मीदों का दीप टीम टीममाता है ।
जैसे क़िस्मत का नया सन्देश वह सुनाता है ॥
कुछ लोगों को रास्ता व प्लेटफ़ाम मिल जाता है ।
वह अपने क़िस्मत को ख़ुद सवार जाता है ॥
इनका माई बाप बन गोट टेलेंट कितना वह क़रीब है
अंधेरे में खोए हुए लोगों की नसीब है

कहाँ से कहाँ तक वह ख़ुद पहुँच जाते हैं।
जब की वह ख़ुद सोच नहीं पाते हैं॥
पूर्व कर्मों से इंडिया गोट टेलेंट में बनाया नसीब है।
लाचार, मायूस, मजबूरो की पलट देती नसीब है॥

वाह, क्या वाह, इंडिया गोट टेलेंट भी क्या अजीब है
अंधेरे में खोए हुए लोगों की नसीब है

४२.

अपने देश के बारे में सोचना बहुत अच्छी बात है।
और सबको सोचना भी चाहिये।

भारत देश हमारा हम सब भारत वासी है।
धर्म मज़हब स्वार्थी हो तो जीवन अभिनाशी है॥

ज़िन्दगी ऐसे नहीं रहती है यह समय का तक़ाज़ा है।
रात ढल जाने के बाद जीवन का सुबह आता है॥

आओ देखे कर्म की सीढ़ी जिस पर हमको चलना है।
उपयोग करे एक क्षण क्षण का जीवन यु व्यर्थ न करना है॥

४३.

भगवान को चाहने वाले भी अपनी सोच के अनुसार ही ढूँढते हैं।

शायरी के अन्दाज़

ऐ मेरी प्रेम भक्ति तू मुझे यह तो बता।
क्या तेरे वो रास्ते है क्या प्रभु का है पता॥

दीन बन्धु दया के सागर हम हैं तेरे इसारे पे।
करना तू दया मुझ पर भगवन नईया लग जाए किनारे पे॥

जीवन यु ही निकल जाता है इसे कोई कोई ही समझ पाता है।
ढूँढता हूँ पंचम मिल जाय कोई रास्ता
क्या तेरे वो रास्ते क्या प्रभु का है पता॥

हे भगवन उनसें पूछो जो तुमसे कुछ कह आये थे।
क्या यहाँ लिया क्या यहाँ दिया क्या तेरे पास ले आये थे॥

तेरी महिमा का पार नहीं प्रभु कोई समझ न पाता है।
बंदा पंचम दास तेरा चरणों में शीश झुकता है॥

४४.

देश की आज़ादी कितने क़ुर्बानियों के बाद मिली है भारत माँ के किसने सपूतों ने,
अपना जीवन बलिदान दिया है उनके बलिदानों से देश आज़ाद हुआ है।
जो लोग स्वार्थी है उन्हें अपने के शिवाय कुछ नज़र नहीं आता है।

राजदेव, सुख, भगत सिंह कितनो ने बलिदान दिया।
आज भ्रष्टाचारी बेइमानो ने देश को अपने लूट लिया॥
पहले तो विदेशी थे आज तो अपने स्वदेशी हैं।
देश को देखो ऐसे लूटते बने हुए नरभेषी हैं॥

जनता से ग़द्दारी करते अपने देश के द्रोही हैं।
बेईमान लुटेरे देश के हैं ये विकास के विद्रोही हैं॥
देश द्रोही ग़द्दार है, कितना नासमझ मूर्ख, बेईमान है।
ऐसे नेता से क्या उम्मीदें जिसका न कोई धर्म ईमान है॥

जागो जागो देश की जनता अपने अंधेपन को दूर करो तुम।
देश भक्ति ईमानदार हो जो ऐसे नेता को वोट करो तुम॥

जो हो अपने दुःख में साथी अपने देश से प्यार करे।
क़ानून व्यवस्था देश के हित में गुनाहों को शर्मसार करे॥

देश का नेता कैसा हो पंचम सच्चा देश प्रेमी हो।
जनता का दुःख दर्द हरे देश सेवा का नेमी हो॥

४५.

प्रकृति प्रेमी अपनी दिल की हक़ीक़त को व्यक्त किया है।

तेरा रूप जवाँ देखे रंगत की प्यास जगी।
तू विखेर रही है ख़ुशबू मदहोसी की आग लगी॥

तुझको बनाया जिसने क्या ख़ूब बनाया है।
यौन रूप निखार तुझमें क्या ख़ूब सजाया है॥

छलकाती हुस्न जाम हो ऐसी ही तुम लगी।
तू क़ुदरत का नज़ारा हो मुझसे क्यों है दिललगी॥

तुझको जवाँ देख प्रकृति जीने की आस जगी।
तू विखेर रही है ख़ुशबू मदहोशी की आग लगी॥

४६.

एक प्रेमी अपने प्रेम के नज़ाकत को व्यक्त करता है ।

विखर जाती हैं बूँदें हवा के झोंके से ।
प्यार रुकता नहीं किसी के रोके से ॥
दिल में तूफ़ान बन इतने मौजें खाते हैं ।
होकर सवार कश्ती शाहील को ढूँढते हैं ॥

ये क़ुदरत के नज़ारे अजीब होते हैं ।
अपनी आग़ोश में सबको समेट लेते हैं ॥
विखर जाती है ख़ुशबू हवा के झोंके से ।
प्यार इबादत है रुकता न किसी के रोके से ॥

इस कशिश के कितने हँसी नज़ारे हैं ।
ख़ुशी सबकी जवाँ है प्यार गुलहज़ारे हैं ॥
बिखर जाती है तनहा हवा के झोंके से ।
प्यार और हर ख़ुशी रूकती न किसी के रोके से ॥

४७.

मन की सोच है आत्मा के बारे में और सोच कर यू कहता है।

तेरा क्या भरोसा रे पक्षी कब उड़ जाए पिंजरे से।
तुझको मैंने देखा जब साथ ए रहते अपने ॥
ना समझी में समझ न पाया कब तक साथ है चलने।
उम्मीदों की लहरें उठती दूर दिखती पिंजरे से ॥
तेरा क्या भरोसा रे पक्षी कब उड़ जाए पिंजरे से

जीवन की उम्मीदें लेकर चलता हूँ हर रहो पे।
हर पल हर छन सोच में डूबा क्या होगा ना रहने पे ॥
आशाओं का दीपक जलता तेरे ही पिंजरे से।
तेरा क्या भरोसा रे पक्षी कब उड़ जाए पिंजरे से ॥

गुज़रा समय कभी नहीं आता लाख जतन कर चाहे।
चाहत का दीपक बुझ जाता समय आग़ोश की बाँहें ॥
सारा खेल ख़त्म होता जब पक्षी उड़ जाये पिंजरे से।
तेरा क्या भरोसा रे पक्षी कब उड़ जाए पिंजरे से ॥

४८.

हमारे प्यारे नौजवान उनके दिल की यह मनोदशा है
और उनका प्यार, भारत माँ के प्रति इतना गहरा है
जो भारत माँ को ही अपना सब कुछ समझते है ।

अरमा थे अपने देखे जो सपने
ना जाने कब खो गया प्यार तुम्हीं से हो गया ।
I Love you, o my country ॥

तेरी गोद में जन्म लिया पला मैं तेरी गोदी में ।
तुमने प्यार से पाला मुझको अपनी हर उम्मीदों में ॥
दिल में अरमा आँखों में सपना ना जाने कब हो गया ।
प्यार तुम्हीं से हो गया o my country ॥
I Love you, o my country

ये जीवन तो तूने दिया है ये तेरे प्यार के प्यासे ।
तेरे प्यार की हर ख़ुशबू से जीवन की हर साँसें ॥
जीवन में आँचल का छाया ना जाने कब हो गया ।
प्यार तुम्हीं से हो गया, o my country ॥
I Love you, o my country

तुमसे है माँ दुनिया सारा तुम्हीं तो हो माँ प्रकृति हमारा।
तुम्हीं हो चमन तुम्हीं हो गुलशन तुम्हीं तो हो माँ जीवन सहारा॥
तेरी गोदी में मैं पल कर ना जाने कब सो गया।
प्यार तुम्हीं से हो गया, o my country॥
I love you, o my country

४९.

इन्सान को बदलते देर नहीं लगती जो अपनी महत्वाकांक्षा को पूरा करने में लगे रहते हैं उन्हें दूसरे के बारे में सोचने का समय कहाँ रहता है।

बाबा आप ने भी पायी क्या नसीब है।
आप भी तो भ्रष्टाचार के क़रीब हैं॥
कहने को तो आप ट्रस्ट चलाते हैं।
ट्रस्ट के नाम लालच का महल बनाते हैं॥

कहते हैं ट्रस्ट में लगी जनता की कमाई है।
देखो तो आप ने कीतनी लाइन लगाई है॥
आप ने अपने यहाँ जो दवाई बनाई है।
क्या ख़ूब कम की लागत लेकिन अच्छी कमाई है॥

आप ने कहा था, 25% मुफ़्त में दूँगा दवाई।
सोचो ख़ुद आप की ट्रस्ट जनता के किस काम आई॥
यह ना समझ दुनिया भी क्या अजीब है।
आप भी बाबा लोगों में पायी क्या नसीब है॥

समझ समझ के ना समझ है दुनिया इन्हें कौन समझाये ।
कौन है सच्चा कौन है झूठा फ़र्क़ कौन बतलाये ॥
कलियुग में आप लोगों की कमायी क्या अजीब है ।
बाबा आप ने भी पायी क्या नसीब है ॥

५०.

प्रकृति प्रेमी अपनी खुशी को कुछ इस प्रकार व्यक्त कर रहा है।

प्रकृति के रंग में उमंग की तरंग है।
मन के विभोर की उड़ रही पतंग है॥

गुन गुना रहे हैं भौंरे भोर की उमंग में।
फूल हँसे कलियाँ खिलती शीतल मंद सुगन्ध में॥

प्रकृति की उषा में जीवन मकरंद है।
वसुंधरा की गोद में पंचम जीवन आनन्द है॥

५१.

वृक्ष हमारे कितने बड़े परोपकारी हैं उतना कोई भी नहीं है।
हमारे लिए वो क्या नहीं देते, सब कुछ देते हैं
जिसकी हमे कल्पना भी नहीं है, ऐसे सेवा भावी महान दाता वृक्ष है।

नील गगन अम्बर के नीचे रात दिवस ऐसे ही हैं।
कोई क्या इन्हें देख रहा हैं ऐसे यु क्यों रहते हैं ॥

वर्षा गरमी और ठंडी के ये पवन थपेड़े खाते हैं।
फिर भी ये औरों के ख़ातिर सब कुछ यु सह जाते हैं ॥

औरों को देते अपना सब कुछ अपने लिए न कुछ रखते हैं।
सारा जीवन उपकार में लगा के जीवन धन्य ये करते हैं ॥

आओ हम सब इनसे सीखे क्या जीवन अच्छाई है।
हम अपने स्वार्थ में भूल गये है क्या जीवन सच्चाई है ॥

सेवा भावी परहित उपकारी किसी से कुछ नही लेते हैं।
ऐसे महान दाता है वृक्ष पंचम दिल से नमन हम करते हैं ॥

५२.

हमारी धरती माता की गोद में ही प्रकृति से लेकर सभी कुछ न कुछ अपनी आवश्यकताओं के अनुसार पाते रहते हैं। ये है हमारी धरती माँ जो कष्टों को झेलते हुए सबको सब कुछ देती रहती है।

वसुंधरा के कण कण में।
छुपा हुआ ख़ुशबू जीवन॥
कर रही ऋतुए और मौसम।
अपने जीवन को पतित पावन॥

हरे भरे हैं चमन ये सारे।
मंद मंद कलियाँ मुसकाती॥
शान्त निशा अपने उद्गम से।
सुन्दर सा मोती झर लाती॥

गुलशन जीवन सारा महके।
प्रकृति के रस पादन में॥
कण कण में ख़ुशबू फैलाती।
जीवन के इस आनंद में॥

५३.

कामना, मोह में ललची, स्वार्थी की यही दशा है जो जीवन को पशुबुद्धि की तरह जीता है ।

इनके बारे में क्या लिखे इनके लिए शब्द भी कम हैं ।

माया ने लालच में सबको भ्रष्टाचारी बनाया ।
पूरे देश में इस रोग से कोई बच नहीं पाया ॥

ना समझ यह दुनिया क्या करामत दिखाया ।
धन है इफ़रात तो भी सन्तोष नहीं आया ॥
चपरासी और संतरी नेता और मंत्री ।
हर काम में लगाये अपनी अपनी जंत्री (कीमत) ॥

विकास काम करवाते नहीं करवाते हैं दंगा ।
लूटने के ख़ातिर हो जाते हैं नंगा ॥
भ्रष्टाचारी के रंग में रंगा लिया चोली ।
वेश्याओं की तरह अब बोलते हैं बोली ॥

भ्रष्टाचार से कोई अछूता नहीं है।
कलियुग के कुछ संत बाबा वही हैं॥
थोड़ा कम थोड़ा ज़्यादा सब करते हैं।
अन्दर से कुछ और बाहर से कुछ और होते हैं॥

जनता के हित की सभी बात करते हैं।
हक़ीक़त तो ये है की अपने स्वार्थ में रहते हैं॥
इस रोग से केवल वही लोग बचे हैं।
पंचम, जो कामना मोह चक्कर में नहीं पड़े हैं॥

५४.

आज भी देश खुशहाल नहीं है आज भी हम सबको जागना और जगाना है। यही देश की चाह है।

उगा है सूरज निकली किरने नया सवेरा लाने का।
जन क्रान्ति ने किया है काम हम सबको जगाने का॥

निकली चिंगारी जन क्रान्ति से सोला हमें बनाना है।
भ्रष्टाचारी जंगल राज को उसे हमें मिटाना है॥
राम राज्य इस देश में हो उसे हमें अब लाने का।
उगा है सूरज निकली किरने नया सवेरा लाने का॥

पहले सोया तो क्या खोया इतिहास हमें बताता है।
आज भी बर्बादी के हर छन का समय गवाह बताता है॥
फिर से राम राज्य लाने को जन जन में क्रान्ति जगाने का।
उगा है सूरज निकली किरने पंचम नया सवेरा लाने का॥

५५.

प्रकृति हमारी माँ है और इसके जैसा कोई परोपकारी नहीं है।
हम सबको जानना चाहिए और समझना चाहिए।

कितना प्यारा जीवन हमारा समझे सारी दुनिया।
कण कण में ख़ुशबू पहुँचती फूल और ए कलियाँ॥

तीन हैं मौसम चार हैं ऋतुए लेकर आयी ख़ुशियाँ।
प्रकृति हमारी जीवन साथी ये है हमारी दुनिया॥

आओ हम सब इनसे सीखे प्यार से जीवन जीना।
जीवन के हर मोड़ पर दुःख और ग़म को पीना॥

जीवन में हम ख़ुशियाँ बाँटे स्वर्ग बने ए दुनिया।
कितना प्यारा जीवन हमारा समझे सारी दुनिया॥

५६.

“जीवन सच्चाई”

हम सब अच्छी तरह जानते भी हैं पर मानते व करते नहीं हैं।

दुनिया में क्या है जो साथ जाए यारों।
हम सब मुसाफ़िर हैं दुनिया में यारों॥

रहते हैं होटल सराय गेस्ट हाउस में जैसे।
वैसे है ये दुनिया सराय मेरे यारों॥
कुछ नहीं जायेगा भक्ति भजन के सिवा।
जीवन यु बीता तो पछताओगे यारों॥

कर लो भजन भक्ति प्रेम और सेवा।
जीवन सफल ए बनाओ मेरे यारों॥
यह जीवन अमूल्य है पंचम सोचो और समझो।
फिर ये जीवन ना मिलेगा मेरे यारों॥
दुनिया में क्या है जो साथ जाए यारों।
हम सब मुसाफ़िर हैं दुनिया में यारों॥

५७.

शरीर स्वस्थ रहता है तभी जीवन का आनन्द आता है।
वरना आगे आप लोग ख़ुद जानते हैं।

जीवन अपना स्वस्थ रखो।
तो ही आनन्द आयेगा॥
चार दिन की ज़िंदगी है।
फिर जीवन भर पछतायेगा॥

इस लिये ध्यान रहे हर दम।
अपने जीवन स्वास्थ की॥
तभी भर पुर आनन्द मिलेगा।
अपने जीवन अर्थ की॥

५८.

जीवन में जो कुछ मिलता है अपने प्रारब्ध के अनुसार ही मिलता है जो जितना नसीब में है वही मिलता है।

समझ समझ कर बनी ना समझ।
तू कितनी नादान है॥
जीवन काया कैसे रखनी।
अभी तू कितनी अनजान है॥

मनुष्य जीवन अनमोल है कितना।
सोच समझ कर जीने का॥
हर कर्मों में आसक्त रह कर।
जीवन हर रस पीने का॥

जीवन में अभिलाषा लेकर।
पंचम कभी नही है जीना॥
प्रारब्ध से ही सब कुछ मिलता।
व्यर्थ की सोच है रखना॥

५९.

आज जो परिस्थिति है वह सब जानते हैं
और देश की हालत को भी सभी जानते हैं।

जागो जागो ए इंसानो।
अभी देश आज़ाद नहीं है॥
ख़ून ख़राबा गुंडा गर्दी।
अभी भ्रष्टाचार ख़त्म नहीं है॥

पहले तो परदेशी थे।
आज तो अपने देशी हैं॥
लूट रहे हैं देश आज।
बने हुए नरभेसी हैं॥

भ्रष्टाचारी सरकार है।
मेरी ये हाल तो देखो॥
पास होगा लोकपाल बिल।
लगी है आस तो देखो॥

६०.

"डॉक्टर की हक़ीक़त"

लालच में लूट मची है इन्हें कोई किसी की कुछ नहीं पड़ी है।

कलयुग के जीवन दाता डॉक्टर बने हैं।
सारे तो नहीं केवल कुछ गिने चुने हैं॥

दवाइयों के भाव देखो आसमान चढ़ा है।
ग़रीबी और बीमारी मुँह बायें खड़ा है॥
बीमारी किसी से न पूछ कर आती।
अपने ही कर्मों का फल है चखाती॥

पहले डॉक्टरी होती थी सेवा।
अब तो चाहते हैं केवल ये मेवा॥
इनके यहाँ कोई मोल भाव नहीं है।
जो माँग ले वही सब सही है॥

सारा तिकडम बनाया है ऐसा ।
जितना चाहे उतना लूट सके पैसा ॥
थोड़ा तो डरो ऊपर और कोई बैठा है ।
पंचम समझो क्या सच्च क्या झूठा है ॥

६१.

स्वार्थ में क्या मिलता है कुछ भी नहीं लेकिन ढूँढते सभी हैं।

ढूँढ रहा हूँ जीवन अपना।
मतलब की इस आँधी में॥
घोर अन्धेरा फैला हुआ है।
स्वार्थ की इस रात्रि में॥

ना समझी में जीवन जीते।
चाहत की इस आँधी में॥
क्या खोया और क्या पाया है।
हम अपने जीवन साथी में॥

६२.

जिसको हम चाहते हैं अगर वह मिल जाता है ।
तो उसका आनन्द ही कुछ और होता है ।

क्या ख़ुश नसीब है वह दिन ।
जिस दिन कोई मिल जाता है ॥
चाहत की इस तरंगो में ।
उमंगो का फूल खिल जाता है ॥

भर देता है दिल में ख़ुशबू ।
दिल आनन्दीत होता है ॥
ख़ुश नसीब तो वह है ।
जो इन ख़ुशियों को पाता है ॥

६३.

यह परम सत्य है की कलियुग में आज कोई सच्चा साथी नहीं मिलेगा। जो मिलेगा वह अपना स्वार्थ लिये ही मिलेगा क्योंकि दुनिया ही स्वार्थ की है कवि ने अपनी कविता को अपना सच्चा साथी मानते हुए कुछ बया किया है।

अच्छी है साथी मेरी कविता।
जो हर पल साथ में रहती है॥
ना कोई स्वार्थ ना कोई मतलब।
जीवन आनन्दित करती है॥

ना कोई गिला ना कोई सिकवा।
सच्चा प्यार वो करती है॥
मेरे चाहत के दिल में।
हर पल ख़ुशियाँ देती है॥

ख़ुश नसीब हूँ मैं कितना।
जो प्यारा सा साथी मिला॥
दिल चमन महकता ख़ुशबू से।
गुलशन में मेरे फूल खिला॥

ऐसा साथी मिलना मुश्किल है।
जहाँ ना समझ की बहती गंगा है॥
कितनी प्यारी मेरी कविता है।
पंचम जो हर पल आनन्द देती है॥

६४.

सावन मास वर्षा ऋतु की गीत रूपी कविता को कवि ने वर्षा ऋतु की कल्पना में विभोर और सबकी ख़ुशियों की आहट् को महसूस करके क्या सुन्दर वर्णन किया है।

मधु मस्त हैं ये पक्षी सावन के गीत गाते।
हम को भी याद आती सावन की ये राते॥
मधु मस्त हैं ये पक्षी सावन के गीत गाते

काली घटा है छाई सावन की बदली आयी।
कोयल ये गीत गाती पंचम सुर सुनाती॥
भौंरे भी गुनगुनाते सावन के गीत गाते।
मधु मस्त हैं ये पक्षी सावन के गीत गाते॥

वर्षा ऋतु है आयी हरियाली साथ लायी।
फूल खिल रहे हैं ख़ुशबू लूटा रहे हैं॥
गुल को रिझा रिझा कर बुल बुल भी गीत गाते।
मधु मस्त हैं ये पक्षी सावन के गीत गाते॥

मेघ हैं गरजते शीतल जल बरसते ।
जल के हर तरंग में मछलियाँ भी गुनगुनाते ॥
झरने भी कल कल करके मधुरम गीत सुनाते ।
मधु मस्त हैं ये पक्षी सावन के गीत गाते ॥

६५.

प्रकृति से प्रेम करने वालो की क्या दशा दिखाई देती है
वह अपनी कल्पनाओं के आनंद में बहते रहते है ।

फूलो से हिल मिल ख़ुशबू दे रही हमें नशा ।
प्यार की तरंग में उमंग भर रही नशा ॥

इन वादीयो को देखो खो न जाए हम कही ।
सुना रहे हमें ए गीत प्यार के मधुर यही ॥
कर रहे हमें विभोर हो रही हमें नशा ।
प्यार की तरंग में उमंग भर रही नशा ॥

प्रकृति की ए सुन्दरता विभोर कर रही हमें ।
दे रही है सीख ए प्यार करने की हमें ॥
इन नज़रो में मिलती है प्यार कि हमे नशा ।
पंचम प्यार की तरंग में उमंग भर रही नशा ॥

६६.

एक प्रेमी प्यार की व्याख्या कर रहा है।

चमन वीरान मुरझाया गुलशन।
फिर क्यों कलियाँ हँसती हैं॥
उम्मीदों के सागर में क्यूँ।
लहरों में बहती कश्ती है॥

तनहा जीवन उलझन सारी।
जीवन की ये बस्ती है॥
सबका सार एक ही समझो।
प्यार बिना ये अर्थी है॥

६७.

संतों को सच्ची राह पर चलाना तो थोड़ा मुश्किल होता है परन्तु बाद में जीवन आनंदित रहता है ।

मागने नहीं आता पर माँगता हूँ मैं ।
मान अभिमान को मरता हूँ मैं ॥
क्या क्या करता हूँ जीवन में मैं ।
सब कुछ सह कर जीता हूँ मैं ॥

जीवन है माली कर्म की है डाली ।
पंचम कुछ नहीं अपना जीवन है सपना ॥
क्या कौन किसको कहना है अपना ।
जो नहीं करना वह भी करता हूँ मैं ॥

मागने नहीं आता पर माँगता हूँ मैं ।
मान अभिमान को मरता हूँ मैं ॥

६८.

बच्चों को सच्ची राह और संस्कार मिले तो,
यही देश के भविष्य है इन्ही से राष्ट्र बनता है ।

मेरे चमन के फूल हैं बच्चे ।
गुलशन इन्हीं से खिलता है ॥
सच्ची राह मिले जीवन में ।
राष्ट्र इन्हीं से बनता है ॥

सच्ची रहो पर चल करके ।
ये जीवन गौरव पाते हैं ॥
वह माता पिता धन्य हो जाते ।
पंचम जो ऐसे फूल खिलते हैं ॥

६९.

ताज जो प्यार की पहचान है यह कविता
उसी पर फ़रमाया गया है क्योंकि प्यार ही जीवन है

दिल की तरंगो की उमंगे प्यार की पहचान है।
हुस्न नूर की जान है ताज हमारी शान है॥

कहते है प्यार अन्धा है एक दूजे की श्रधा है।
प्यार ये सुर संगीत है ये मदहोशी की गीत है॥
प्यार से ही जहांन है ताज हमारी शान है।
हुस्न नूर की जान है ताज हमारी शान है॥

ताज से याद रहे प्यार की सच्चाई।
प्यार से मिलता है जीवन में अच्छाई॥
दो जिस्म पर एक जान है ताज प्यार की शान है।
हुस्न नूर की जान है ताज हमारी शान है॥

प्यार से ही जीवन का सुन्दर फूल खिलता है।
जीवन की सच्चाई में प्यार ही प्यार मिलता है॥
सच्चे प्यार पर सबका अभिमान है।
ताज तो हमारे प्यार की शान है॥

हुस्न दीदार का पंचम ताज सपना है।
वाह ताज, वाह ताज, वाह ताज, अपना है॥

७०.

कलियुगी कविता है हक़ीक़त के साथ है।

मिट्टी की काया है कलयुग की माया है।
जीवन की छाया है फिर भी लोगों के
समझ नहीं आया है॥

प्यार की क्या परिभाषा है जीवन की क्या आशा है।
कर्म की क्या भाषा है यह तो केवल जीवन का पासा है॥
प्यार का गीत गाता है कोई समझ न पाता है

जो समझ नहीं पाता है ऐसा ही रह जाता है।
जीवन भर पछताता है फिर जीवन नर्क हो जाता है।॥

७१.

किसी के ख्वाब सपनों की समा “महफिल” है
उसके अनुरूप उसका इंतज़ार है।

एक ऐसी शमा हो जिसमें किसी का इन्तज़ार हो।
बेसब्र की तरंगे उठती हो प्यार के ख़्वाब सजते हो॥
मंद मंद ख़ुशबू आती हो मिलने को दिल बेचैन हो।
मगर वो नहीं आती है मगर वो नहीं आती है।॥

पवन के झोंके भी पहेलियाँ बुझाते हैं।
किसी के आने की आहट सुनाते हैं॥
दिल की धड़कने भी धड़क कर रह जाती हैं।
फिर भी वो नहीं आती है वो नहीं आती है॥

चाहत का तूफ़ान हिलोरे मरता है।
ख़ुशियों का चमन ऐसा महकता है॥
पलकें बिछाये निगाहे देखती है।
फिर भी कही तू नज़र नहीं आती है॥
पंचम, जीवन ख़्वाब की आहट आती है
पर वो नज़र नहीं आती है

७२.

सच्चा राही क्या होता है जीवन में कितने मोड़ आते हैं।
हर मोड़ पर अलग अलग सोच वाले लोग मिलते हैं।

सच्चे राही बनो मेरे यार दुनिया बड़ी बेसुमार।
चलती रहो पर काटे बिछाये॥
चलना चाहे तो चल नहीं पाये।
कैसा अजीब लोगों का विचार॥
दुनिया बड़ी बेसुमार
सच्चे राही बनो मेरे यार दुनिया बड़ी बेसुमार

कोई पैसा कमाता कोई नाम कमाता।
कोई दूसरे के ग़म में जीवन बिताता॥
कोई हँसता है कोई रोता है।
मिलता है फल सबको कर्मों के आधार॥
दुनिया बड़ी बेसुमार
सच्चे राही बनो मेरे यार दुनिया बड़ी बेसुमार

मानव जीवन बार बार नहीं मिलता।
वक़्त किसी के साथ नहीं चलता॥
अपने जीवन का समझो आसार।
पंचम दुनिया बड़ी बेसुमार॥
सच्चे राही बनो मेरे यार दुनिया बड़ी बेसुमार

७३.

“भूकंप के समय की गीत रूपी कविता”
यहाँ कोई अमीर कोई ग़रीब नहीं है
समय का तक़ाज़ा है सच्चाई यही है की हम, नासमझी में जीते हैं,
जीवन सत्यता तो कुछ और है।

पिंजरे से उड़ जा रे पक्षी अब कोई नहीं ठिकाना।
भाई बन्धु और दोस्त यार ए सबही हुए बेगाना॥
तेरा यहाँ पर कोई नहीं है तुझे अकेले जाना।
पिंजरे से उड़ जा रे पक्षी अब कोई नहीं ठिकाना॥

हमने जो देखा था अपने दुनिया का एक सपना।
नीद में आया ऐसा झोंका कुछ न रहा ए अपना॥
प्रभु भक्ति के शिवा यहाँ से कुछ नहीं साथ है जाना।
पिंजरे से उड़ जा रे पक्ष अब कोई नहीं ठिकाना॥

इस दुनिया में देखो कितनी बहती उलटी धारा।
रोता इन्सान तो कुछ नही मिलता मरने पर मिले सहारा॥
यह कैसी अजीब की दुनिया जहाँ केवल बात है करना।
पिंजरे से उड़ जा रे पक्षी अब कोई नहीं ठिकाना॥

पंचम तुमने क्या पाया ए केवल बात ही करना ।
कोई किसी से मिलता भी तो स्वार्थ लिए वो अपना ॥
इस दुनिया में क्या रहना जहाँ सारे हुए बेगाना ।
पिंजरे से उड़ जा रे पक्षी अब कोई नहीं ठिकाना ॥

७४.

माया रूपी यह संसार असत्य यानी झूठा है यहाँ अपना कोई नहीं है। केवल स्वार्थ की दुनिया है।

झूठा है जग संसार वो मेरे यार।
कुछ भी नहीं है इस दुनिया में॥
लाख ढूँढ ने पर इन्सान मिलेंगे।
स्वार्थ की है ये बाज़ार वो मेरे यार॥

जिसको तुम अपना समझो वो निकले पराया।
आए मुसीबत तो कोई काम नही आया॥
केवल है झूठा आसार वो मेरे यार।
झूठा है जग संसार वो मेरे यार॥

रोता इन्सान तो कुछ न सुनाये।
मरने के बाद हमदर्दी दिखाये॥
कितना है उलटा विचार वो मेरे यार।
झूठा है जग संसार वो मेरे यार॥

सच्चाई इंसानियत पर आवे तबाही ।
चोरों दग़ाबाज़ों की होती वाह वाही ॥
कितना पद भ्रष्ट है संसार वो मेरे यार ।
पंचम झूठा है जग संसार वो मेरे यार ॥

७५.

सफ़र में साथी बहुत होते हैं लेकिन कुछ ऐसे भी होते हैं।
जो अपनी छाप दिल पर डाल जाते हैं।

क्या करिश्मा क़ुदरत का जो हम और तुम मिले।
क्या ख़बर थी किसी को तुम कहाँ और हम कहाँ थे॥
सफ़र के साथी छन भर होते फिर हो जाते हैं वो जुदा।
केवल उनकी यादें रहती याद आती उनकी वो यदा॥

हमने गुज़रा जो पल उनसे याद रहेंगे कुछ दिन तक।
यह तो जुदाई का सौरभ है दिल नहीं होता है ए जुदा॥
सफ़र के साथी छन भर होते फिर हो जाते हैं वो जुदा

ऐसे साथी से क्या मिलता है दर्द भरी केवल सिकवा।
जीवन के हर पहलू में पंचम हम तुम साथी है ए सदा॥
सफ़र के साथी छन भर होते फिर हो जाते है वो जुदा

७६.

यह संघर्ष भरी जीवन की दास्ताँ है जो कभी साहस धैर्य को नहीं छोड़ते हैं। उन्हें ही मंज़िल मिलती है।

जो कर्म है हमारा हम करते ही रहेंगे।
जीवन की हर बाधाओं से लड़ते ही रहेगे॥

इतनी बड़ी है दुनिया कोई तो प्यार देगा।
जीवन के हर शूरों में कोई तो राग होगा॥
जीवन का वह सुरराग बजाते ही रहेंगे।
जो कर्म है हमारा हम करते ही रहेंगे॥
जीवन की हर बाधाओं से लड़ते ही रहेगे

एक दूसरे की धड़कन पहचानते रहेंगे।
जीवन का हर सफ़र हम काटते रहेंगे॥
जीवन की मंज़िलो का कोई तो मोड़ होगे।
जो कर्म है हमारा हम करते ही रहेंगे॥
जीवन की हर बाधाओं से लड़ते ही रहेगे

पंचम मंज़िलो तक पहुँचना है हमें ।
तूफ़ान आए तो भी टकराना है हमें ॥
बढ़ गए हैं क़दम तो पीछे नहीं हटेगे ।
जो कर्म है हमारा हम करते ही रहेंगे ॥
जीवन की हर बाधाओं से लड़ते ही रहेगे

७७.

एक कली और एक भौरे की दास्ताँ है जो एक दूसरे को मिलने के लिये तड़फते रहे
लेकिन न मिल पाने से उन्हें समय की क़ीमत का एहसास हुआ।

मेरा भी क्या जीवन है जो तृप्त नहीं हो पाया।
हर छन पाने को उसको इधर उधर मंडराया॥
वह सब कुछ अर्पण करने को याद तड़फ आयी होगी।
मैं अपने ना समझ भ्रमण में वहाँ पहुँच नहीं पाया॥

डाली से जब बिछड़ गयी वह भी क्या सोची होगी।
किस जगह वह कहाँ पड़ेगी उसकी क्या क़िस्मत होगी॥
चाह की रानी को दुश्मन ने डाली से अलग कर लाया।
ऐसा भी क्या जीवन है जो मधु मस्त नहीं हो पाया॥

उसके चाह लाखों दुश्मन वह भी नहीं समझी होगी।
कहाँ पड़ेगी हार बनेगी या देवता चरणो में अर्पण होगी॥
जीवन भर अब पछताना है जो उसे नहीं मिल पाया।
उसका भी क्या जीवन पंचम जो तृप्त नहीं हो पाया॥

७८.

यह जीवन ही दुःख दर्दों से भरा है यहाँ कुछ भी नहीं है जिसे अपना कह सके जो अपना हो।

इस जीवन में क्या रखा है दर्द भरी केवल सिकवा।
जो हम ना करना चाहे वो करवाते लोग यहाँ॥

कैसी है ये अजीब दुनिया जिसमें सच्ची राह नहीं।
अगर किसी को मिले रास्ते तो चलने देते ही नहीं॥
मजबूरी में लोगों को आश्वासन की मिलती है दवा।
इस जीवन में क्या रखा है दर्द भरी केवल सिकवा॥

माया स्वार्थ की इस दुनिया में कैसा जीवन का खेल है।
स्वार्थ सरोपरी अपना रखते फिर करते वे मेल है॥
जिधर से देखो उधर चल रही है स्वार्थ की पाप हवा।
इस जीवन में क्या रखा है दर्द भरी केवल सिकवा॥

क्या लेना है क्या देना है इसका सबको ज्ञान नहीं।
प्यार है देना प्यार है लेना सच्चाई की राह यही॥
पंचम, जीवन को नर्क ही समझो सच्चाई और प्यार सिवा।
इस जीवन में क्या रखा है दर्द भरी केवल सिकवा॥

७९.

प्रकृति से ही जीव शरीर की रचना है और
प्रकृति के कण कण से जीवन का अस्तित्व है।

सूरज के ढलने से शाम का अँधेरा।
प्रकृति के कण कण में प्यार का बसेरा॥

नीले ए अम्बर प्रकृति के स्वयंवर।
गुलज़ार ए गुलिस्ताँ मौसम का ए रिसता॥
ख़ुशबू ए चमन की हर गुल का है सवेरा।
प्रकृति के कण कण में प्यार का बसेरा॥

है प्यार का ये जीवन ख़ुशियों का चमन।
जीवन की कश्ती शाहील पे मिलन॥
ममता के अंचल में पंचम जीवन का सवेरा।
प्रकृति के कण कण में प्यार का बसेरा॥

८०.

प्रेम, प्यार की परिभाषा क्या है ।

प्रेम प्यार तो अचूक अनिष्फल ब्रह्मास्त्र है जो चलाने पर कभी निष्फल नही होता

इसका उपयोग हर समय और सबके साथ किया जा सकता है ।

श्री रामदास्य पंचम जी रचित

इसकी विशेषता क्या है वह जानते हैं ।

प्यार एक अमूल्य रत्न है। जिसका कोई मोल नहीं।

प्यार अनन्त गहरा है। जितना समुद्र भी नहीं।

प्यार एक मधुर गीत है। जो दिलो की संवेदना का गुण गान करता है।

प्यार, सुन्दर ख़ुशबू और कोमल फूल है। जो दिलो को सुगंधित करता है।

प्यार एक मौन भाषा है। जो प्यार करने वाले ही समझते है।

प्यार एक भेंट है। जो नसीब वालों को मिलता है।

प्यार अमर और अनन्त है। जिसे समझना बहुत कठिन है।

प्यार एक झरने जैसा है। जो मधुर आवाज़ में हमेशा बहता रहता है।

प्यार दिलो का संगम है। जो दो दिलो को मिलाता है।

प्यार जीवन की ज्योति है। जो जीने का उमंग भरता है।

प्यार जीवन की संगीत है। जो जीवन में ख़ुशियाँ बरसाता है।

प्यार जीवन में हमें जीने का। तरीक़ा सिखाता है।

प्यार जीवन का सब कुछ है। जो अवरणनीय है।

पंचम, प्यार नहीं तो कुछ भी नहीं है। जीवन नर्क समान है

यही जीवन की सच्चाई है की जहाँ प्यार नही प्रेम नही है।

वहाँ लोगों की ज़िंदगी का कोई माने नही है।

प्यार हमेशा आनंद और ख़ुशियाँ देता है

हर परेशानी में हमें साहस देता है।

८१.

"दोहे" श्री रामदास्य पंचम जी रचित "जीवन की सच्चाई"

पंचम माया एक सी समझ परे ना कोय ।
जो समझे जीवन सफल ना समझे सो खोय ॥

दुनिया है एक चाकरी पीसन सब कोई आय ।
जैसी जिसकी रही ये करनी वैसा पत्थर पाय ॥
लालच झूठ कपट का धंधा करते हैं सब कोई ।
जब फूटेगा करम घड़ा तब पछतावा होय ॥

नीर धारित है जीवन दूरी चलते हैं सब कोई ।
समझ राह चलते हैं जो वह मंज़िल पर होय ॥
जो जगत है सब मिले सोवत है सब खोय ।
समय से पहले ना उठे जीवन नर्क सो होय ॥

जो मन्दिर भगवान बनाया उसे न पूजे कोय ।
जो मन्दिर इन्सान बनाया उसे पूजै सब कोय ॥
सुख दुःख है ये कर्म के साथी पाते हैं सब कोय ।
जब जब जिसको जो मिलता है तेसी बुध्दी होय ॥

८२.

देखावटी बनावटी और झूठा जीवन जीना कैसा होता हैं।
कुछ झलक इस कविता के माध्यम से व्यक्त किया गया हैं।

मेरा तेरा ऐसा भी क्या हैं जीवन रैन बसेरा।
ढूँढ रही हैं हर साँसों में जीवन रैन सवेरा॥

तुम जो अगर हँसना चाहो बस में नहीं हैं तेरा।
अपनी इन ख़ुशियों में छुपा हैं गम का भी अँधेरा॥
चेहरे पर मुस्कान तो हैं पर दिल को ग़म ने घेरा।
ढूँढ रही हैं हर साँसों में जीवन रैन सवेरा॥

रोना चाहूँ तो रो भी नहीं पाऊँ ख़ुशियों का हैं पहरा।
क्या हैं हक़ीक़त हम तुम जाने जानत हैं जग सारा॥
सच्चाई तो कड़वी लागे झूँठ हैं सबको प्यारा।
ढूँढ रही हैं हर साँसों में जीवन रैन सवेरा॥

ऐसा जीवन हम सब जीते जीता है जग सारा।
पंचम हम सब समझे हक़ीक़त बरसे प्यार की धारा ॥
गहरी नीद से जब भी जागो समझे जीवन सवेरा।
मेरा तेरा ऐसा भी क्या है जीवन रैन बसेरा ॥
ढूँढ रही है हर साँसों में जीवन रैन सवेरा

८३.

जीवन कर्म से ही चलता है कर्म ही जीवन है कर्म ही नसीब और क़िस्मत है।
कर्म बिना कुछ भी नहीं है "कर्म प्रधान विश्व करी राखा।
जो जस करई सो तस फल चाखा॥

क़िस्मत की गोदी में सोती है सारी दुनिया।
है कर्म ही सहारा जिससे चलती है दुनिया॥

हँसते हैं लोग देखो कर्मों की राह पर।
रोते हैं लोग देखो क़िस्मत की आस पर॥
बिना एक दूजे साथ से चलती नहीं है दुनिया।
है कर्म का सहारा जिससे चलती है दुनिया॥

क़िस्मत भी लिखी जाती कर्मों के हिसाब से।
ये कर्म है जो अपना जीवन में साथ से॥
दोनो हैं एक साथी जिससे चलती है दुनिया।
है कर्म का सहारा इससे चलती है दुनिया॥

बिना कर्म क़िस्मत साथी नहीं है अपना।
रह जाता है अधूरा पंचम देखा हुआ सपना॥
है कर्म से ये क़िस्मत क़िस्मत से यह दुनिया।
है कर्म का सहारा जिससे चलती है दुनिया॥

८४.

जीवन का समय चक्र चलता रहता है उसमें जीवन जीना एक बंदगी (प्रार्थना) है हर समय खुश रहने का नाम ही ज़िंदगी है।

दुख में हमेशा हँसना यही तो ज़िन्दगी है।
ग़म में भी आगे बढ़ना यही तो बन्दगी है॥

माँझी है पतवार अपनी कश्ती का चलते ही रहना।
अपना यहाँ पर क्या है जिसके लिए ये डरना।
जो सफ़र है कटता वही तो ज़िन्दगी है।
ग़म में भी आगे बढ़ना यही बन्दगी है॥

देखा हमने सपना जो भी ज़िन्दगी का।
आया दौर वह भी जीवन के हर मोड़ का॥
जो भी सब कुछ पाया वही तो ज़िन्दगी है।
ग़म में भी आगे बढ़ना यही तो बन्दगी है॥

सबने यहाँ लिया है पंचम सबको यही है देना।
जो कर्म हम किए है उसका हिसाब लेना॥
बनती है जो कर्मों से वही तो ज़िन्दगी है।
ग़म में भी आगे बढ़ना वही तो बन्दगी है॥

८५.

यह कविता उन भ्रष्टाचारी अधिकारियों के लिए समर्पित है जिसके चेहरों को देखकर ईमानदार इन्सान यू कहता है।

बिलख बिलख कर रोते हैं लेकर के अपना दुखड़ा।
हँस हँस कर देख रहा हूँ तुम सबका असली मुखड़ा॥

रोता था इस लिए की मैंने समझा मैं ही दुखी।
तेरे चेहरे को देख लगा तू तो मुझसे बड़ा दुःखी॥
देख हँसीं मुझको आयी तेरा ये असली दुखड़ा।
हँस हँस कर देख रहा हूँ तुम सबका असली मुखड़ा॥

कोई नहीं है साफ़ सुथरा सबके कपड़े गन्दे हैं।
दिल के चश्मे पर धूल पड़ी आँखों से क्या दिखते हैं॥
पेट है इनका पैर पसारे दिल तो है इनका सिकुड़ा।
हँस हँस कर देख रहा हूँ तुम सब का असली मुखड़ा॥

अन्दर से कुछ और बाहर से कुछ और हैं।
हर चेहरे पर लगा है चेहरा दूजा कोई न और है॥
ये तो जीवन भर के दुःखी हैं इनसे क्या कहना दुखड़ा।
पंचम, हँस कर देख रहा इन सबका असली मुखड़ा॥

८६.

इस असत्य और झूठा संसार में हम सपना देख रहे हैं जो कभी पूरा ही नहीं होता। इस कविता के ज़रिये समझने की कोशिश करते हैं।

सच्चे हो या झूठे देख रहे सारे सपना।
आज तो अपने अपने नहीं हैं कल क्या होगे ये अपना॥

जीवन जीना सब कोई चाहे राह नहीं उनको मिलती।
फूल होता है कितना प्यारा सबकी क़िस्मत नहीं खिलती॥
ना जाने जीवन में कितना बैठे हैं सजाये हम सपना।
आज तो अपने अपने नहीं हैं कल क्या होगे ये अपना॥

ज्ञान बिना अधूरा जीवन फिर भी सपने सजाये।
पपीहा एक बूँद के ख़ातिर स्वाति की आस लगाये॥
ढूँढ रहे हैं सभी यहाँ पूरा हो कैसे सपना।
आज तो अपने अपने नहीं हैं कल क्या होगे ये अपना॥

जीवन एक भवसागर है सबको पार है करना ।
सच्ची राह मिले जीवन में पंचम फिर क्या डरना ॥
गुरु ज्ञान बिन भव नहीं तरना भक्ति ज्ञान है अपना ।
सच्चे हो या झूठे देख रहे सारे सपना ॥
आज तो अपने अपने नहीं है कल क्या होगे ये अपना

८७.

इस माया के संसार को और मानव जीवन को समझना आसान नहीं है पर नामुमकिन भी नहीं है।

जीवन को माया ने घेरा उसको नर्क बनाया।
हे मानव तू अपना जीवन ख़ुद को समझ न पाया॥

आवश्यकता है अविष्कार कि जननी ये है अपने हाथो में।
पाते हैं संतोष दिलासा केवल अपनी बातों में॥
जीवन की इस गणित को समझो क्या खोया क्या पाया।
हे मानव तू अपना जीवन ख़ुद को समझ न पाया॥

झूठ दिलासा लेकर जीवन में पीते हैं ग़म का प्याला।
सभी यहाँ पर ढूँढ रहे हैं जीवन का नया उजाला॥
अन्दर से पंचम रोता है बाहर से मुस्कराया।
हे मानव तू अपना जीवन ख़ुद को समझ न पाया॥

८८.

माया से बना हुआ यह संसार है और संसार से अहंकार है।
इसी चक्र में यह जीवन घूम रहा है।

क़ुदरत ने दुनिया बनाया है ऐसा।
जैसी सोच हो देखो तुम वैसा॥

हर रंग के फूल खिलते हैं यहाँ।
गुलशन गुलों का है सारा जहाँ॥
प्रकृति ने इसको सजाया है कैसा।
जैसी सोच हो देखो तुम वैसा॥

सारे जहाँ में बना मज़हब अनेक।
इन्सान लहू रंग बनाया है एक॥
जिसको जो मिला कर्म किया है जैसा।
क़ुदरत ने दुनिया बनाया है ऐसा॥

सबको चलने का एक मंज़िल बताया ।
सबको उसका हम रही बनाया ॥
बना करके राही चलाया है कैसा ।
क़ुदरत ने दुनिया बनाया है ऐसा ॥

क़ुदरत ने सारा जहाँ है सजाया ।
ख़ुशियों के ख़ातिर है मौसम बनाया ॥
एक दूजे में खो जाते है पंचम ए कैसा ।
क़ुदरत ने दुनिया बनायी है ऐसा ॥

८९.

पर्यावरण से प्यार की दास्ताँ एक प्रकृति प्रेमी की व्याख्या है।

जानता हूँ तुझको कुछ कह नहीं सकता।
सामने हो मेरे पास बैठ नहीं सकता॥

देखता हूँ तुझको तो देखता रहूँ।
कहना चाहू पर कह न सकू॥
तेरा क्या इसरा मैं समझ नहीं सकता।
जानता हूँ तुझको कुछ कह नहीं सकता॥

तेरी अदाओं में कितना निखार है।
माने ये दिल तो समझो ये प्यार है॥
गुलशन का हर गुल खिल नहीं सकता।
जानता हूँ तुझको कुछ कह नहीं सकता॥

जीवन के मोड़ की क्या है अच्छाई।
तेरे अन्दर देखा प्यार की सच्चाई॥
दिल का ए रूख पंचम बदल नहीं सकता।
जानता हूँ प्रकृति तुझको पर कुछ कह नहीं सकता॥

१०.

पर्यावरण से ही हम सबका जीवन है हम सबकी भी जवाबदारी बनती है, की पर्यावरण को बचाया जाय।

करो पर्यावरण सुधार वो मेरे यार।
वातावरण दूसित मत करो तुम॥
पेड़ पौधों को ख़त्म मत करो तुम।
थोड़ा करो तुम विचार वो मेरे यार॥

वातावरण हमसे जब दूषित होता है।
महामारी बीमारी दुगुना बढ़ता है
रोती है प्रकृति हमार वो मेरे यार।
करो परियावरण सुधार वो मेरे यार॥

आने वाली पीढ़ी का ख़याल करो तुम।
ज़रूरत से ज़्यादा प्रदूषण मत करो तुम॥
प्रकृति सम्पदा है हम सबकी ए यार।
इनको करो न बरबाद वो मेरे यार॥
पंचम करो पर्यावरण सुधार वो मेरे यार

९१.

स्वार्थ का रोग ऐसा है इससे कोई बचा ही नहीं है बचा वही है। जिसको संसार से कोई मतलब नहीं है।

जग में निःस्वार्थ कोई प्रीत नहीं है।
प्यार बिना कोई गीत नहीं है॥

यह जगत नहीं ख़ाली ऐसा जहाँ स्वार्थ ना हो कोई ऐसा।
जब एक दूजे से मिलते हैं दिल सोच ये चिन्तन करते हैं॥
प्रकृति ऐसा किया न होता काम नहीं तो स्वार्थ न होता।
तुम चाहे कितना ढूँढो स्वार्थ बिना कोई मीत नहीं है॥
जग में निःस्वार्थ कोई प्रीत नहीं है प्यार बिना कोई गीत नहीं है

स्वार्थ का कई रूप है होता एक अपना एक दोनो का होता।
अपना स्वार्थ नहीं है अच्छा एक दूजे के लिए है अच्छा॥
एक दूजे ने किया है ऐसा जग की कोई रीत नही है।
जग में निःस्वार्थ कोई प्रीत नहीं है प्यार बिना कोई गीत नहीं है॥

क़ुदरत का कैसा है फेरा पूरे जगत को इस रोग ने घेरा ।
बचा केवल सच्चा इन्सान पंचम समझो प्रभु की सन्तान ॥
एक दूजे के कर्म शिवा और तो कुछ होता ही नहीं है ।
जग में निःस्वार्थ कोई प्रीत नहीं है प्यार बिना कोई गीत नहीं है ॥

१२.

देश प्रेमियों का अद्भुत लगाव है और
वह अपनी भारत माता से बहुत ज़्यादा प्रेम कराते हैं।

बढ़ गये हैं क़दम अब रुकेंगे ना हम।
जान जाए मगर अब हटेंगे न हम॥

आन ही शान है मर मिटे शान पर।
कर हौसले बुलंद चले कर्म राह पर॥
हर सफ़र मंज़िलो का चलते रहे हम।
बढ़ गये हैं क़दम अब रुकेंगे ना हम॥

हर आशाओं के दीपक जलाते रहे।
लाख तूफ़ा आये आगे बढ़ते रहे॥
धैर्य साहस से मंज़िल को पायेंगे हम।
बढ़ गये हैं क़दम अब रुकेगे ना हम॥

माँ का शत्रु है हमारा हम माँ का दुलरा।
सबसे बड़ा प्यारा भारत है हमारा॥
चाहे सो जाऊँ पंचम माँ की गोदी में हम।
बढ़ गये हैं क़दम अब रुकेगे ना हम॥

१३.

जीवन को अच्छी तरह हँसी खुशी से साहस धैर्य के साथ जीना चाहिये । मनुष्य जीवन बड़ा दुर्लभ है ।

जीवन हँसी ख़ुशी का हँसते रहना ।
लाख मुसीबत आये उससे भी लड़ना ॥

दुख सुख साथी हैं अपने जीवन का ।
दोनो हम सफ़र हैं जीवन सफ़र का ॥
जो मिले सबको गले लगाते रहना ।
लाख मुसीबत आये उससे भी लड़ना ॥

सच्ची राहों को ख़ुद अपनाए ।
प्यार प्रेम के दीप जलाए ॥
भूले भटके को राह दिखाना ।
जीवन हँसी ख़ुशी का हँसते रहना ॥

कर्म है अपना करते रहना ।
जीवन में आगे बढ़ते रहना ॥
राहों पर हर दम आगे ही रहना ।
जीवन हँसी ख़ुशी का हँसते रहना ॥

देश की शान हो कभी नहीं डरना ।
साहस, धैर्य हिम्मत कभी नहीं खोना ॥
जान चाहे जाए पंचम पीछे नहीं मुड़ना ।
लाख मुसीबत आए उससे भी लड़ना ॥
जीवन हँसी ख़ुशी का हँसते रहना

१४.

व्यक्ति विशेष अपने आप को खुद पहचान नहीं पाता है।
तो वह भ्रमित होकर एक ऐसा जीवन जीता है
की वह खुद अपने आप से सवाल करता है।

मेरी भी क्या क़िस्मत है वह भी मुझको पता नहीं।
मैं किस दुनिया में जीता हूँ उसकी हमको ख़बर नहीं॥

मैं भी एक मंज़िल का राही भटक गया हूँ राहों से।
मिली मुझे केवल पगडंडी चलती है किनारों से॥
पहुँचूँगा मैं कब मंज़िल पर वह भी मुझको पता नहीं।
मेरी भी क्या क़िस्मत है उसकी मुझको ख़बर नहीं॥

सुबह शाम है मेरे साथी मिलते हैं बारी बारी।
हर सुबह में आशा की किरने शाम बताती है लाचारी॥
ऐसा साज मेरे जीवन का जो हर दम हम सब बजाते।
कब टूटेगा उसका कोई तार वह भी मुझको पता नहीं॥

आगे बढ़ते साहस रखते फिर भी आस लगाये।
चलना ही जीवन है अपना कभी न पाँव रुकने पाये॥
जब तक चले साँस जीवन का तब तक राह चलते जाये।
कब क्या होगा पंचम जीवन में वह भी मुझको पता नहीं॥
मैं किस दुनिया में जीता हूँ उसकी मुझको ख़बर नहीं

१५.

"मन की चंचलता"

मन की गति बहुत तेज होती है आप जहाँ सोचो वही पहुँच जाता है।
मन से सभी लोग परेशान हैं इसे अपने वश में रखना सबके वश की बात नहीं है

तुमसे मैं कितना परेशान मन तू ठहर ज़रा एक ठाव।
तू है कितना चंचल पैदा करता दिल में हाल चल ॥
तू करता क्यूँ हैरान मेरे जीवन के दौरान।
तेरे जहाँ पड़े हर पाँव मन तू ठहर ज़रा एक ठाव ॥

तेरी गति है इतनी तेज़ इसका माप नहीं रेज।
छन में हँसता छन में रुलाता छन में ग़म की छांव ॥
तेरा क्यूँ नहीं है एक ठाव मन तू ठहर ज़रा एक ठाव।
तुमसे मैं कितना परेशान मन तू ठहर ज़रा एक ठाव ॥

कभी है प्यार कभी है ग़म कभी तू नफ़रत लाता।
कभी लगा देता है तू पंचम जीवन को दाव ॥
तू करता क्यूँ हैरान मेरे जीवन के दौरान।
तुमसे मैं कितना परेशान मन तू ठहर ज़रा एक ठाव ॥

१६.

पुराने विचार के व्यक्ति की यह मनोदशा है।
जो उसे इस प्रकार व्यक्त कर रहा है।

प्रभु न्यू जनरेशन को तुम सच्ची समझ दिया होता।
तो मेरी मुश्किल को थोड़ा ख़त्म किया होता॥

वह ना समझ है नहीं समझता उनको मैं क्या समझाऊँ।
अपने दिल की मनोदशा को उनको कैसे बतलाऊँ॥
उनके पत्थर दिल को पिघलाकर दर्दे दिल दिया होता।
प्रभु मेरी भी मुश्किल को थोड़ा ख़त्म किया होता॥

यह कैसा है न्यू जनरेशन बदल दिया है रहन सहन।
जिधर भी निकलो उधर ही देखो इनका नया ये फ़ैशन॥
उनको भी उनके जीवन का सत्य मार्गीय दर्श मिला होता।
तो मेरी भी मुश्किल को थोड़ा ख़त्म किया होता॥

मेरी भी मजबूरी है इनको क्या मैं बतलाऊँ।
इनके साथ नहीं चलु तो पीछे मैं भी रह जाऊँ॥
मैं इनका अनुयायी हूँ यदि इनको समझा दिया होता।
पंचम की भी मुसकिल थोड़ा ख़त्म हुआ होता॥

१७.

जीवन में कर्म की सच्चाई को मापने की कोशिश को व्यक्त किया गया है।

वह जीवन भी क्या जीवन है जिस जीवन में संघर्ष नहीं।
वह ज़ख़्म भी क्या ज़ख़्म है जिस ज़ख़्म में कोई दर्द नहीं॥

वह प्यार भी क्या प्यार है जिस प्यार में कोई त्याग नहीं।
वह दोस्ती भी क्या दोस्ती है जिस दोस्ती में कोई सिकवा ही नहीं॥
वह अपनापन भी क्या अपनापन है जिस में कोई शिकायत ही नहीं।
वह जीवन भी क्या जीवन है जिस जीवन में संघर्ष नहीं॥

वह कर्म भी क्या कर्म है जिस कर्म में कोई कीर्ति नहीं।
वह नाम भी क्या नाम है जो मरने पर किसी को याद नहीं॥
वह उपकार भी क्या उपकार है जिस उपकार में कोई जस ही नहीं।
वह जीवन भी क्या जीवन है जिस जीवन में संघर्ष नहीं॥

वह मरना भी क्या मरना है जो मरने का कोई मक़सद ही नहीं।
पाप भी क्या पाप है जिससे किसी को कष्ट नहीं॥
वह पुण्य भी क्या पुण्य है जिस पुण्य से कोई उध्यार नहीं।
वह जीवन भी क्या जीवन है जिस जीवन में संघर्ष नहीं॥

१८.

(फूल के कली की दास्ताँ) अपनी क़िस्मत को लेकर किस प्रकार से वह सोच रही है।

ज्यों डालीओ से टूट कर एक कली गिरने लगी।
हाय फिर अपनी क़िस्मत सोच कर रोने लगी॥

मैं कहाँ गिरूँगी कहाँ पड़ूँगी क्या मेरी क़िस्मत होगी।
कहाँ चढ़ूँगी हर बनूँगी या देवता चरणो में अर्पण होगी॥
या मिलूँगी धूल में या पैर तले कुचली जाऊँगी।
हाय मेरी क्या क़िस्मत होगी सोच कर रोने लगी॥

आया एक पवन का झोंका उसे उड़ा ले गया वह दूर।
जहाँ बगीया में एक माली चुन रहा था वह फूल॥
गिरी कली फूलो में जाकर फिर भी थी मंज़िल से दूर।
माली ले कर चला टोकरी पंडित को दे दिया वह फूल॥
पंडित चला अर्पण करने को कली हाथ उसके आयी।
अर्पण हो गयी प्रभु चरणो में पंचम जीवन धन्य वह पायी॥

११.

"दोहे" (जीवन सच्चाई)

श्री रामदास्य पंचम जी रचित

माँझी खड़ा दरियाँ में फिर भी प्यास सताये ।
इस जीवन में सब कुछ है फिर भी कुछ नहीं पाये ॥
ढूँढ रहे हैं सभी यहाँ सुबह और दिन शाम ।
कभी पाँव रुकते नहीं धूप रहे या छाव ॥

जिसकी जैसी रही भावना पैर बढ़े उस ओर ।
चलत राह समझे नहीं हुई रात से भोर ॥
नर मानव तू समझ ज़रा दुनिया की ये रीत ।
कोई काम होता नहीं बिना किसी के प्रीत ॥

भूला तो वह भूला है जो वापस नहीं आय ।
वह भूला भूला नहीं जो शाम तलक घर आय ॥
मंज़िल दूर लगत है पंचम जब साहस धैर्य है जात ।
क़दम में उसकी मंज़िल है जब साहस धैर्य हो पास ॥

१००.

गर्मी से परेशान होकर एक मज़दूर
वह गर्मी से सवाल करता है।

ए गरमी तू क्यूँ आती है इसका क्या है राज बता।
आती है तो ठीक मगर तू क्यों सताती है,
मेरी तेरी क्या दुश्मनी इसका क्या है राज बता॥

तेरे आने पर सब हरियाली और बहारें काँपतीं है।
सारे प्रकृति सौन्दर्य को पतझड़ वीरान बनाती है॥
आख़िर ऐसा क्यूँ करती हो इसका क्या है राज बता।
मेरी तेरी क्या दुश्मनी इसका क्या है राज बता॥

तेरे आने पर कोई ख़ुश नहीं रह पाता।
पशु पक्षी नर जीव जन्तु सबको आँसू आता॥
ऐसा तू ये क्यूँ करती है इसका क्या है राज बता।
मेरी तेरी क्या दुश्मनी इसका क्या है राज बता॥

तेरे से नफ़रत है क्यों तेरे से ख़ुशियाँ नहीं आती ।
तू कितनी निर्दयी बनी है तुझे दया नहीं आती ॥
मेरी तेरी क्या दुश्मनी इसका क्या है राज बता ।
ये गरमी तू क्यूँ आती है इसका क्या है राज बता ॥

१०१.

भ्रष्टाचारी के सामने आज भी जनता लाचार है
क्योंकि अब सच्चे इंसानों की धीरे धीरे कमी हो रही है।

मैं क्या कर सकता हूँ मेरी भी मजबूरी है।
सत्य अहिंसा भाई चारा ये सब हमसे दूरी है॥
लालच मतलब मजबूरी की आँधी ने अपना ज़ोर जमाया।
सत्य, अहिंसा, भाई, चारा केवल इतिहास में आया॥

सच्चाई, ईमानदारी का नाम नहीं बोलो तो कड़वी लगती है।
लालच कपट के झूठे बचनो पर वाह, वाह की ताली लगती है॥
किसको मैं कहने जाऊँ सभी तो समझदार है।
ज़माने के साथ न चले तो जीना दुशवार है॥

सच्चे हैं वे इन्सान जो सत्य निष्ठा पर हैं क़ुर्बान।
मरकर भी वह अमर आज हैं कितने बड़े और महान॥
कहता है ये नया इतिहास मेरी भी सफ़र अधूरी है।
पंचम, मैं क्या कर सकता हूँ मेरी भी मजबूरी है॥

१०२.

साहस धैर्य से जो हमेशा जीवन में आगे बढ़ते रहते है
उनके लिये कोई कार्य असम्भव नहीं है ।

माँझी सवार कश्ती शाहील को ढूँढता हूँ ।
जीवन का हर तसबूर पल पल को ढूँढता हूँ ॥

तूफ़ान है हर मोड़ पर कोई असर नहीं ।
जीवन बनी है कश्ती कोई बसर नहीं ॥
राही हूँ रहो का मंज़िल को ढूँढता हूँ ।
माँझी सवार कश्ती शाहील को ढूँढता हूँ ॥

उठती हैं उमंगे जीवन के दौर में ।
उठती तूफ़ानी लहरें सागर आगोस में ॥
मिलता नहीं वो सबको जो हम ढूँढता हूँ ।
माँझी सवार कश्ती शाहील को ढूँढता हूँ ॥

तूफ़ान कितना आये धीरज नहीं है खोना ।
जीवन में हो असफलता तो भी प्रयास करना ॥
पंचम गुलों के गुलशन में ख़ुशबू ढूँढता हूँ ।
माँझी सवार कश्ती साहिल को ढूँढता हूँ ॥

१०३.

कुछ लोग होते हैं जिन्हें जीवन में सफलता पाने पर वह अपने को सम्भाल नहीं पाते हैं
और सफलता के अहंकार रूपी आकाश में उड़ाना शुरू कर देते हैं
यह कविता उन्हीं को समर्पित है।

नील गगन में उड़ने वाले देख तेरी ये डगरी क्या।
हर गुलशन में एक ही गुल है यही है तेरी नगरी क्या॥

देखा था जो ख़्वाब ये तूने अपनी हर उम्मीदों का।
हर पल है संघर्ष ये जीवन जैसे वीर शहीदों का॥
इधर उधर तू क्या देखे जीवन अपनी डगरी क्या।
हर गुलशन में एक ही गुल है यही तेरी है नगरी क्या॥

भूल गया तू उन राहों को जो बचपन में देखा था।
हर राहों पर जीवन जीना तुमने जो ये सिखा था॥
चलती जो जीवन कि गाडी यही है अपनी सगरी क्या।
नील गगन में उड़ने वाले देख तेरी ये डगरी क्या॥

समझ ले तू जीवन सच्चाई जिस पर तुझको चलना है ।
हर रहो की हर पगडंडी जिसको पंचम समझना है ॥
समय अधूरा, वक़्त जो निकला रही अधूरी डगरी क्या ।
हर गुलशन में एक ही गुल है यही है तेरी नगरी क्या ॥

१०४.

दो प्रेमी जब एक हो जाते हैं तो वह जीवन को कैसे चलाना है वह सच्चाई के साथ रह कर सोचते हैं।

अब तक कब तक मेरा तेरा है जीवन की आस रे।
ना जाने कब तक चलती है जीवन की साँस रे॥

मेरा तेरा एक है रिस्ता जो समाज की बात है।
दिल से दिल मिल जाता है रहती नहीं कोई ज़ात है॥
अब तो हम दोनो को जीवन जीने की एक प्यास रे।
ना जाने कब तक चलती है जीवन की साँस रे॥

हुई सुबह आया नया सवेरा जीवन की सच्चाई का।
आपस में बँटवारा कर ले जीवन की अच्छाई का॥
इस जीवन को स्वर्ग बनाना ये है अपने पास रे।
ना जाने कब तक चलती है जीवन की साँस रे॥

जीवन का हर लेखा जोखा रखे अपने पास में।
समय क़ीमती वक़्त न निकले ध्यान रहे ऐ ख़ास में॥
फिर यह जीवन नहीं मिलता पंचम, मनुष्य जीवन है ख़ास रे।
ना जाने कब तक चलती है जीवन की साँस रे॥

१०५.

जीवन मे लगता है की मैं अकेला हूँ पर हम अकेले नहीं है ।
हमारे साथ साहस और धैर्य है जो हमारा सच्चा मित्र है ।

अकेला राही सोचा चलु क्या ।
शायद राहों में साथ मिल जाए ॥

राहे मुसकिल है पर असम्भव नही ।
हिम्मत मेहनत से मंज़िल का संसय नही ॥
यु सोचते बहुत हैं सब पर करते हैं क्या ।
दरिया तूफ़ानी हो तो नाविक घबराते है क्या ॥

हिम्मत न हारे बिसारे न राम को ।
लगन से निर्भय हो करे सारे काम को ॥
पंचम साथ चलने से काम बन जाय ।
शायद राहों में साथ मिल जाए ॥

१०६.

माता पिता का स्वरूप (दर्जा) भगवान से भी बड़ा है क्योंकि पहले शरीर होता है।

तब उसमें आत्मा रूपी परमात्मा रहता है।

बन्दऊ चरण पखार के सिर धरी करो प्रणाम।
मातु पिता जैसा गुरु नही प्रातः करु प्रणाम॥

पायऊ मैं दुर्लभ जनम यह मानव रूप शरीर।
धन्य धन्य पितु मातु तू यह कृपा तेरी आसीर॥
धन्य जीवन सम्भव नही है मातु पिता गुरु जेवा।
मातु पितु क़र्ज़ से मुक्त नही लाख करो तू सेवा॥

ना समझ मूर्ख तू समझ ले तेरा मात पिता भगवान।
दुनिया में क्यों भटक रहा है तू ना समझी इन्सान॥
कर तू मात पिता की सेवा बन जाए तेरे सारे काम।
अनमोल मिलत आसीस तुम्हें प्रसन्न होत भगवान॥

मातु पिता कृपा प्रसाद यह पायऊ जन्म औ ज्ञान ।
उनके बिन सम्भव नही यह मानव जीव नादान ॥
माया मोह औ अहंकार ने यहाँ डेरा ऐसा जमाया ।
अज्ञान चच्छु दृष्टि भयो हाथ में कुछ नहीं आया ।।

अहंकार से ग्रसित है यह चित मन बुध्दी अजान ।
सुख दुःख का कोई ज्ञान नही जीवन मरघट समान ॥
रात दिवस अभिमान में जीता नही दिखे कोई राह ।
मात पिता भगवान तेरा मिले आसीस अथाह ॥

थोड़ा समय निकाल के समझ मानव इन्सान ।
शान्ति जीवन सब कष्ट मिटे कहाँ है ऐसा भगवान ॥
तेरा भगवन तेरे पास है मत करना तू उसका अपमान ।
मातु पिता जैसा कोई नही इस दुनिया में भगवान ॥

१०७.

एक व्यक्ति भगवान से अपने कर्मों की सफलता के लिए प्रार्थना करता है

ऐसी कृपा करना हे प्रभु जीवन में सफल होते ही रहे
हम दुखियों की सेवा में रहे ऐसा मेरा कर्म रहे
हम सारे दुखियों के दर्द रहे जीवन में किसी को दुख न रहे
जीवन हो मेरा सुखद सरल सबके प्रति प्रेम बरसता रहे

जो जीवन राह में भूले भटके उनको हम राह दिखाते रहे
लालच छल कपट झूठ द्वेष अन्याय ए सब दूर रहे
वह शक्ति इन्हें देना भगवान ए सच्ची राह पर डटे रहे
ऐसी कृपा करना हे प्रभु जीवन में सफल होते ही रहे

खिलता गुलशन गुलिस्ता ए चमन हरा भरा हो मेरा वतन
ये सारा जहाँ मेरा महक उठे प्रभु हम करते हैं तुमको नमन
पंचम सबसे न्यारा मेरा वतन अमृत धारा बहती ही रहे
ऐसी कृपा करना हे प्रभु जीवन में सफल होते ही रहे

१०८.

“दोहे” - श्री रामदास्य पंचम जी रचित

ईश्वर अंश सब जीव है प्रकृति और संसार।
अज्ञान भरा जीवन का कोई नही ए सार॥

जो आएगा वह जाएगा समझते हैं सब लोग।
कर्म आधार जीवन में स्वर्ग नरक का भोग॥

स्वार्थ रत संसार है नहीं यहाँ पर कोय।
प्रभु की भक्ति नहीं की दिया जीवन ए खोय॥

माया रत यह जीवन समझो तुम आसार।
प्रभु भक्ति बिना नही जीवन भव से पार॥

अनमोल जीवन है काया व्यर्थ न इसे गवाए।
समय रहे भक्ति नहीं तो फिर पीछे पछताए॥

मनुष्य जीवन है दुर्लभ देव इसे नही ए पाय।
जीवन ऐसे व्यर्थ न जाए जो भक्ति मिल जाय॥

हम ढूँढ ढूँढ के हारे गुरु न मिलिया कोय।
ईश्वर है सबका गुरु जो निर्मल काया होय॥

झूँठा जग संसार में स्वारथ ऐन उतार। (ऐन- चश्मा)
क्या सच्चाई देख ले जीवन का जो सार॥

१०९.

जीवन में हमारी सोच के अनुसार हम सब पर विश्वास करते हैं।

दिल में अच्छा सोच हो।
तभी जीत अपना होता॥
सच्चा प्यार दिल में हो।
तभी सच्चा साथी मिलता॥

बुराई पे करो अच्छाई से जीत।
तभी मिलेंगे तुम्हें सच्चे मीत॥
अधर्म को छोड़ धर्म पर चलना।
तभी हो पायेगी अपनी जीत॥

११०.

"प्यार की दास्ताँ"

पागल प्रेमी की मनोदशा की व्यथा है।

उर्दू और हिन्दी में

तेरे हुस्न के दीदार में दिल बेज़ार हुआ है।
कैसे मैं अपने दिल की हक़ीक़त बया करूँ ॥

तसबूर होत नहीं दिल को जब तक दीदार नहीं होता।
तड़पता है मेरा चिलमन इसे कैसे बया करूँ ॥

उठी आँधी जो चिलमन में चमन बेज़ार हो रहा।
तड़पता है मेरा गुलशन इसे कैसे बया करूँ ॥

अभी भी वक़्त है आजा तूफ़ाँ थम ये सकता है।
खिलेगा फिर मेरा गुलशन इसे कैसे बया करूँ ॥

१११.

जो पशुबुद्धि जीवन यानी नासमझ की तरह केवल जीना ही जानते है।
उनके लिए यह कविता समर्पित है।

उनसे ये पूछो वो क्यों जीते हैं।
फूट पाथो पे रह कर दम तोड़ते हैं॥

ज़िंदगी को क्या ये समझते हैं।
किस लिए जीते और क्यों जीते हैं॥
उनसे ये पूछो वो क्यों जीते हैं।
फूट पथों पर रह कर दम तोड़ते हैं॥

जीने का मतलब क्या पेट भरना है।
वसुंधरा का बोझ क्या बढ़ाना है॥
जीवन का मर्म समझते नहीं हैं।
जो उन्हें करना वो करते नहीं हैं॥

जीवन की परिभाषा को बदनाम करते हैं।
फूट पथों पर रह कर दम तोड़ते हैं॥
उनसे ये पूछो वो क्यों जीते हैं।
फूट पथों पर रह कर दम तोड़ते हैं॥

११२.

वर्षा ऋतु आनंद की ऋतु है सभी जीवों के लिए, अपने अपने हिसाब से सब आनंद का लुत्फ़ उठाते हैं।

सावन की घटाये छाई मधु मस्त बहारें आयी।
ऋतुओ ने ली अँगड़ाई भौरो ने गीत सुनाई॥

कल कल करते झरने गाते कोयल ये गीत सुनाई।
थिरक थिरक कर मोर नाचते पपीहा आवाज़ लगाई॥

मस्ती में नदियाँ बल खाती नाच नाच कर मछली गाती।
वेलकम वेलकम सागर करता प्यार से सबको गोद बैठाता॥

सागर कभी न करता बैर रखता है वह सबकी ख़ैर।
सागर बनो न करो तुम देर पंचम जहाँ तुम्हारा कोई न ग़ैर॥

१ १ ३.

हम अपनी भारत माता को कितना चाहते हैं।
देश के लिए एक सवाल है।

भारत प्यारा है मेरा वतन, प्यार करते हैं हम इसको कितना।
देखती सारी दुनिया ज़माना, देश को हर दम आगे बढ़ाना॥
सो रहे हैं जो उनको जगाना, जाके संदेश उनको सुनना।
भारत माता दुःखी हैं ये इतना, प्यार करते हैं हम इनको कितना॥

झूठ का है ये देखो ज़माना, इश्क़ में सब हुए हैं दीवाना।
भूल जाते हैं मंज़िल को पाना, इनका देखो जीवन का तराना॥
सारी दुनिया दुःखी है ये इतना, प्यार करते हैं हम इसको कितना।
भारत माता दुःखी हैं ये इतना, प्यार करते हैं हम इनको कितना॥

तोड़ देते हैं अपनी ये कसमें, छोड़ देते हैं जीवन की रस्में।
कभी सोचते नहीं हैं जीवन में, डूब जाते हैं कितना ये इसमें॥
ज़िंदगी में पछताते हैं इतना, प्यार करते हैं पंचम हम कितना।
भारत माता दुःखी हैं ये इतना, प्यार करते हैं हम इनको कितना॥

११४.

जीवन की सच्चाई को कितनी ख़ूबसूरती से बया किया है।

ज़िन्दगी यु ही ऐसे न रहा करती है।
प्यार और ग़म की छाओ में ये ढलती है॥

सुबह और शाम जो पल गुज़र जाते हैं।
सफ़र ज़िन्दगी का वो भी नाप जाते हैं॥
ज़िन्दगी यु ही चलती कभी न रूकती है।
प्यार और ग़म की छाओ में ये ढलती है॥

खा रहे धोखे जो अनजान बन भटकते हैं।
वो ज़िन्दगी की इबादत को भी जानते हैं॥
खा के हर चोट ज़िन्दगी यु ही चला करती है।
प्यार और ग़म की छाओ में ये ढलती है॥

सफ़र ज़िन्दगी का यु तो लम्बा नहीं।
राह कब ख़त्म हो उसका कोई हिसाब नहीं॥
सफ़र जब ख़त्म हो मंज़िल ही तो आती है।
ज़िन्दगी पंचम यु ही ऐसे न रहा करती है॥

१ १ ५.

प्रकृति की सुंदरता का ख़्याल करो और पर्यावरण का ख़्याल भी करो। आज इसकी ज़रूरत है।

कुदरत का ख़ूबसूरत नजारा कल कल बहते झरना प्यारा।

पेड़ पौधे हैं प्रकृति के बच्चे तन मन से हैं कितने सच्चे ॥
लता बेल कुसुमित खिल सारा कितना सुन्दर प्रकृति हमारा ॥

पेड़ पौधे हैं जीतने प्यारे सेवा भावी उतने हैं सारे ॥
छाया फल फूल देते हैं सारा कितना सुन्दर प्रकृति हमारा ॥

आओ इन्हें सुरक्षित करवाये पर्यावरण नुकसान पर रोक लगाये ॥
पर्यावरण से ही जीवन सारा कितना सुन्दर प्रकृति हमारा ॥

हम मानव सब एक पेड़ लगाये स्वक्ष सुरक्षित ऑक्सीजन पाये ॥
देश के प्रति पंचम कर्तव्य हमारा कितना सुन्दर प्रकृति हमारा ॥

११६.

मानव जीवन को समझने की ज़रूरत है।
की सच्चाई क्या है।

मानव तू सोच ज़रा किन राहों पर भटक रहा।
क्या तेरी जीवन मंज़िल है किन राहों पर चल तू रहा॥

इस माया जीवन शैली का तुझको कोई ज्ञान नहीं।
भूल गया है तू वो सब कुछ जो तेरी कर्मराह रही॥
समय क़ीमती अपना खोकर इधर उधर क्यों भटक रहा।
क्या तेरी जीवन मंज़िल है किन राहों पर तू चल रहा॥

कौन है अपना कौन पराया क्या उसकी पहचान है।
सब अपनी मंज़िल के राही सब तो एक समान हैं॥
तू किसको अपना कहता है कौन तेरा अपना ए रहा।
क्या तेरी जीवन मंज़िल है किन राहों पर भटक रहा॥

अभी सोच ले अभी चेत ले अभी सफ़र तेरी बाक़ी।
वक़्त गये पर तू पछताये ख़ाली सुराही के शाकी॥
अपने को पहचानो पंचम नहीं तो जीवन व्यर्थ रहा।
क्या तेरी जीवन मंज़िल है किन राहों पर चल तू रहा॥

११७.

आज के नौजवानों को जगाने का समय आ गया है कि वे अपने भविष्य को अपने हाथो से संवरने का काम करे समय की अब यही मांग है।

जागो उठो तुम देश भविष्य हो माँ सरस्वती तुम्हें पुकार रही हैं।
तेरी सुन्दर अविरल कंठों से ज्ञान का रस पान करा रही हैं॥
भारत माँ तुझे पुकार रही हैं।

देश भविष्य की गाथा लेकर सत्य अहिंसा को अपना कर।
स्वक्ष देश भविष्य कीर्ति की आशा की किरण बिखेर कर॥
देश भविष्य की उज्ज्वल ज्वाला तेरे अंग अंग में भर रही हैं।
तेरी सुन्दर अविरल कंठों से ज्ञान का रस पान करा रही हैं॥
भारत माँ तुझे पुकार रही हैं।

स्वार्थ मोह की फेक चुनरिया सारा देश तुम्हारा है।
सच्चाई ईमान का दीप जला कर जग रोशन काम तुम्हारा है॥
भारत माँ स्वर्णिम आशा का तुमसे उम्मीद लगा रही हैं।
तेरी सुन्दर अविरल कंठों से ज्ञान का रस पान करा रही हैं॥

धरती माँ तुम्हें पुकार रही हैं।

जागो देश के नौजवान तुम वर्तमान भविष्य तुम्हारा है।
भ्रष्टाचार से मुक्त करो तुम पंचम आस हमारा है॥
पंचम सुर अविरल कंठों से निर्मल आस लगा रही हैं।
तेरी सुन्दर अविरल कंठों से ज्ञान का रस पान करा रही हैं॥

भारत माँ तुम्हें पुकार रही हैं।

११८.

ईश्वर का बनाया संसार जगत और मानव जीव भी है लेकिन ईश्वर ने भी नहीं सोच होगा की मानव ऐसा भी ना समझ पशु बुद्धि होगा।

बना प्रकृति संसार जगत सब मानव जीव की सुंदर रचना।
बनाने वाला सोचा नहीं था मानव जीव की ऐसी कल्पना॥

स्वर्ग से सुंदर प्रकृति हमारी आज रो रही दुख की मारी।
पौधे लता फ़ुल और कलिया देते हैं ख़ुशबू सारी॥
वर्षा ऋतु की ऐसी रचना कितने सुंदर थे सब झरना।
बना प्रकृति संसार जगत सब मानव जीव की सुंदर रचना॥
ये कैसी मानव की कल्पना।

ना समझी मानव को देखो सारे है सब दिल का काला।
पशुबुद्धी की सोच है इनकी पीते स्वार्थ का प्याला॥
हर क्षण पाने की लालच में भूल गए जीवन जीना।
बनाने वाला सोचा नहीं था मानव जीव की ऐसी कल्पना॥
ये कैसी मानव की रचना।

स्वार्थ मोह में इतने अन्धे बन गये डाकू चोर उचक्के ।
ईमान धर्म सब छोड़ के लूटते नहीं इरादे इनके पक्के ॥
पंचम सारा संसार की हालत क्या देखे उम्मीद का सपना ।
बनाने वाला सोचा नहीं था मानव जीव की ऐसी कल्पना ॥
ये कैसी मानव की रचना ।

विकास नाम पर अन्धे चिल्लाते देश बर्बादी वाले ये हजूर ।
भ्रमित हुई यह पागल जनता जीवन जीने पर मजबूर ॥
कर्म शिवाय कुछ नहीं पाना नासमझ इन्सान कौन है अपना ।
बनाने वाला सोचा नहीं था मानव जीव की ऐसी कल्पना ॥
ये कैसी मानव की रचना ।

११९.

हमारे शरीर की उपयोगिता के बारे में अलग अलग नज़रिए से
अलग अलग की सोच से
सबके विचारों की गहराई को समझते हुए, समय, माया, मोह, त्याग
और सत्यता को दर्शाया गया है

समय की शिला पर मधुर चित्र कितने ।
किसी ने बनाया किसी ने मिटाया ॥

किसी के लिए आसुओ की कहानी ।
किसी के लिये किन्तु दो बूँद पानी ॥
उषा ने जगाया विथा ने सुलाया ।
गयी रात कितनी समझ में न आया ॥

नदी के किनारे चिता जल रही है ।
चिता में किसी का मधुर प्यार जलता ॥
किसी की बनायी नगरी है जलती ।
किसी के ख्वाबो की दुनिया उजड़ती ॥

किसी के लिये कोई नहीं था ए वास्ता।
किसी लिये किन्तु था वह फ़रिश्ता॥
किसी के लिये दिल आहे जुबानी।
किसी के लिये किन्तु है एक कहानी॥

१२०.

किसान रात दिन तन मन से मेहनत करते हैं परन्तु जब उसका फल आता है। (जीव जंतु कीट पतिंगो, पशु पंक्षी वगैरह) उसमे हिस्सा बहुत सारे लेते हैं जो बच जाता है।

उसको लेकर किसान संतोष करता है इसलिए सबसे महान सेवा भावी है।

जीवन की कड़वी सच्चाई।
उसको किया अनदेखा है॥
लड़ते जीवन हर पहलू पर।
अजीब जीवन रूप रेखा है॥

पर्यावरण से प्रकृति है अपना।
प्रकृति है जीवन दाता अपना॥
रात दिवस हम भाग रहे हैं।
लेकर चमक चौध का सपना॥

जीवन तृप्ति अन्न से होती।
जीवन की यह सच्ची रचना॥
रात दिवस प्रकृति से लड़ते।
कभी नहीं किसी से डरना॥

राष्ट्र का सच्चा सेवक किसान ।

कभी नहीं करते अभिमान ॥

जीवन जीते सह अपमान ।

इनसे बड़ा है कौन महान ।।

राष्ट्र का नारा जय किसान ॥

१२१.

एक प्रेमी के बेचैनी की कल्पना की व्यथा है

यदि होता मैं पवन हंस उड़ आता तेरी डगरी में ।
ढूँढ ढूँढ कर कहता रहता रहती है इस नगरी में ॥

अपने दिल में शम्मा जला कर तुझे ढूँढता रातो में ।
जी भरके मैं तुझे देखता रात ए कटती बातो में ॥

सुन्दर ख़्वाब देख रहा हूँ तेरी यादो के आने में ।
हर पल हर क्षण जीवन जीता उम्मीदों को पाने में ॥

चमन वीरान हुआ है पतझण पंचम मौसम के न आने में ।
ऐसा जीवन हो गया है मेरा तुझको ना पाने में ॥

संक्षिप्त परिचय

श्री रामभक्त परम श्रध्देय

श्री रामदास्य पंचम जी

(आध्यात्मिक जीवन, के साथ प्रकृति व पर्यावरण, मानव जीवन कल्याण, को भारत भर पहुचाने का लक्ष्य)

अमुख रचनायें -

जीवन सत्य, जीवन चक्र, भजन गंगा, जीवन पथ, सर्वोत्तम जीवन प्रश्नोत्तरी, जीवन रहस्य, कह मधुशाला, हरि नाम सर्वोत्तम कल्याण मुक्ति, पर्यावरण रहस्य, जीवन क़रिश्मा, हमसफर, ना समझ दुनिया, कर्म के फूल।

www.ingramcontent.com/pod-product-compliance
Lightning Source LLC
LaVergne TN
LVHW041219150826
845673LV00001B/456